Como alterar o futuro pelo Supino

Literare Books
INTERNATIONAL
BRASIL · EUROPA · USA · JAPÃO

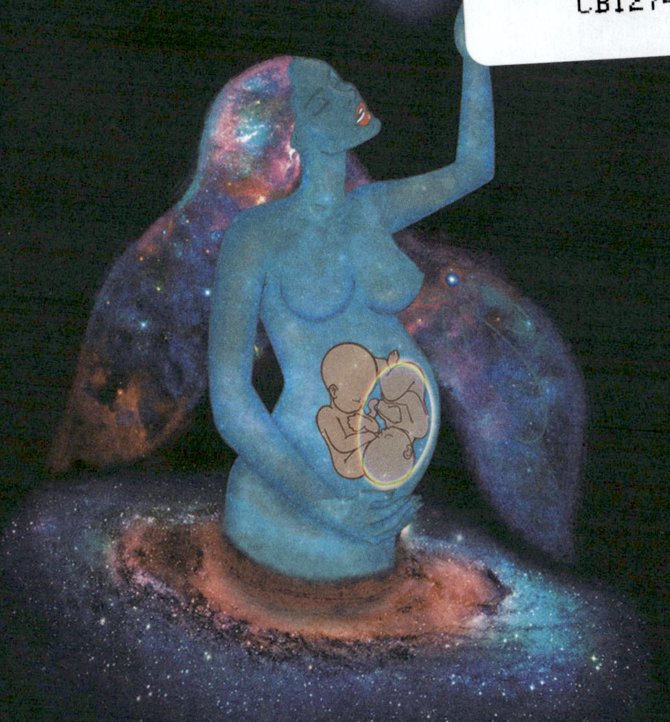

TARÔ DOS 4 TEMPOS

Passado, Presente, Supino e Futuro.

Peter Maurrix & Audrey Kathix

AQUANTARIUM

Presidente:
Mauricio Sita

Vice-presidente:
Alessandra Ksenhuck

Diretora executiva:
Julyana Rosa

Diretora de projetos:
Gleide Santos

Relacionamento com o cliente:
Claudia Pires

Capa e ilustrações:
Yumi Yunagumi 由美

Projeto gráfico e diagramação:
Gabriel Uchima

Revisão:
Rodrigo Rainho

Impressão:
Impress

Dados Internacionais de Catalogação na Publicação (CIP)
(eDOC BRASIL, Belo Horizonte/MG)

M457t Maurrix, Peter.
Tarô dos 4 tempos: passado, presente, supino e futuro / Peter Maurrix, Audrey Kathix. – São Paulo, SP: Literare Books International, 2022.
14 x 21 cm

ISBN 978-65-5922-381-7

1. Tarô. 2. Ciências ocultas. 3. Supino (Tarô). I. Kathix, Audrey. II. Título.
CDD 133.32424

Elaborado por Maurício Amormino Júnior – CRB6/2422

Literare Books International.
Rua Antônio Augusto Covello, 472 – Vila Mariana – São Paulo, SP.
CEP 01550-060
Fone: +55 (0**11) 2659-0968
site: www.literarebooks.com.br
e-mail: literare@literarebooks.com.br

SUMÁRIO

O TARÔ E O TEMPO SUPINO

Aproximadamente, a cada dois mil anos, o Quarto Modo Temporal, chamado Supino, se faz presente na Terra.

Existem vários registros indiretos, sendo um dos principais em uma língua morta, o latim, em que ele era estudado gramaticalmente junto aos demais tempos verbais: presente, passado e futuro. Mas como o Quarto Tempo era percebido ou praticado naqueles dias?

O Tempo Supino entre os leigos

Antigamente, era ensinado como o tempo da suposição, o tempo cujas ações futuras poderiam ou não acontecer – realmente um Futuro Incerto. Como exemplo, podemos citar a frase mais famosa pronunciada em Supino: *Ave Caesar! Morituri te salutant!* (Salve César! Nós que estamos prestes a morrer, te saudamos!). Essa frase era dita pelos gladiadores antes de lutar até a morte no Coliseu. A maioria iria morrer em minutos, talvez horas, ou seja, num sumaríssimo futuro, mas existia a certeza, a suposição de que, em uma luta de dois, um iria restar vivo ao final do embate. E todos lutavam por essa possibilidade, por esse Futuro Incerto... e pela Interferência Dimensional Supina em seus destinos. Resumindo: naqueles dias, os leigos apenas tinham o conhecimento gramatical desse tempo e nada mais. Apenas os governantes, por meio de seus Magos, é que tinham acesso aos reais conhecimentos que eram mantidos em sigilo.

O Tempo Supino praticado entre os sábios

Conhecedores das ciências ocultas, os sábios daqueles dias sabiam que era possível ver e mudar um evento futuro previsto.

Várias eram as fórmulas: interpretações de tripas de animais, de sinais nas nuvens, Vidência Supina Direta, onde um Vidente Supinista conseguia olhar para a pessoa e ver ao lado do ombro direito dela, seu passado e, no esquerdo, seu futuro ainda não fixo e passível de mudança por meio da Abertura Supina (essa prática e disciplina é atualmente dominada e regulamentada com as Chaves Supinas, pelos Guardiões do Paralelo 14 Sul, os únicos e atuais Guardiões do Tempo Supino). E existia secretamente um sistema de cartas chamado "Tarô" (que em tradução livre significa: Caminho do Rei), posto que somente aos reis e imperadores era permitido, pela construção do tempo presente, alterar totalmente o futuro, não só do próprio governante, como de toda a nação, pois o futuro de cada país, desde aqueles dias até os tempos atuais, se confundia e se fundia com o caminho de quem o governa. Agora fica mais fácil entender, pois Tarô quer dizer "Caminho do Rei".

Contudo esses conhecimentos eram tão secretos que foram perdidos com o fim do Tempo Supino e dos reinos por ele sustentados, dentre eles, o próprio Império Romano. Houve a morte da língua latina, a última sagrada para esse tempo, pois caiu em desuso e, assim, também o total esquecimento desse Quarto Tempo Verbal.

PARTE HISTÓRICA

O tarô redescoberto séculos depois

Depois de muitos séculos, na Europa Medieval, por volta do século XV, em pleno norte da Itália, foram encontradas escondidas nas cavernas, entre as montanhas, aproximadamente umas 80 cartas, muito semelhantes aos tarôs divulgados hoje em dia.

Os paranormais da época logo perceberam se tratar de um sistema de adivinhação e começaram a jogar as cartas para as pessoas, desenvolvendo sistemas muito bons e ótimas variações do jogo de tarô, mundialmente conhecidas "O Tarô de

Marselha", "O Tarô Cigano", "O Tarô Egípcio", entre outras dezenas de versões muito belas, competentes e que realmente ajudaram e auxiliam as pessoas em suas orientações.

O presente Tarô do Tempo Supino vem dar complemento, atualização e um novíssimo instrumento para esses grandíssimos tarólogos que fazem verdadeiros milagres por esse mundo afora. Agora eles poderão atuar no Tempo Supino para mexer no futuro.

O destino dos Magos Supinistas após o fim do último do Tempo Supino

Os Magos, os Bruxos e afins foram perseguidos, massacrados e queimados vivos após a ausência do Quarto Tempo Dimensional, e nosso planeta mergulhou na trevosa Idade Média, em que os poucos livros com tais segredos foram queimados ou guardados a sete chaves por ordens secretas, que, por ausência total de um Supinista competente, sabiam sequer interpretar as escritas de tais obras. Com o passar do tempo, seus adeptos foram perdendo totalmente a noção prática e até a teórica.

A volta do Tempo Supino e a sua democratização

Desde 1997, lentamente o Tempo Supino está se reiniciando. Porém como exigência dos novos tempos, da atual Era de Aquário, não somente os sábios das ciências ocultas poderão ter acesso ao conhecimento, mas aos leigos também será dada a oportunidade. Esta obra é a primeira e única do gênero. Não podemos cometer os erros dos Magos antigos e nos aliarmos somente aos reis ou governantes. Agora, nos aliaremos ao povo...

Prática atual do Supino

Dúvida: por que foi escolhido o Tarô do Quarto Tempo para servir de base ao retorno do Tempo Supino?

Porque, de qualquer forma, o Tempo Supino já se faz presente por todo o planeta e muitas pessoas já estão percebendo essa novidade, mas não têm a instrução suficiente e segura de como proceder com tal fator. Vamos dar a "Consciência Supina" pelos estudos dos Arcanos do Tarô.

O tarô não será somente "O Caminho do Rei", será a partir de agora: "O Caminho do Povo", pois todos merecem ser tratados como reis e ter acesso ao conhecimento.

Memória Supina

Junto com o Tempo Supino, temos a Memória Supina.

Aqui na Terra, podemos chamar de Memória Supina o sistema onde são arquivados, guardados, todos os experimentos e conhecimentos de toda a humanidade, de todos os tempos.

Foi por meio da Memória Supina que nós, os guardiões, tivemos acesso a todo esse conhecimento, agora democratizado.

Acessando a Memória Supina mundial, podemos recuperar conhecimentos há muito tempo perdidos. Fica fácil folhear os livros da Biblioteca queimada de Alexandria, manuscritos dos maiores pensadores e cientistas que o mundo já teve...

Dessa forma, iremos recuperar muito conhecimento, das civilizações já extintas, perdidas.

Portanto, a partir de agora, todos aqueles que aprenderem a seguir o "Caminho Supino" poderão tomar posse e mudar seus próprios destinos e, até mesmo, da humanidade.

Primeiros contatos com o Tempo Supino, Consciência Supina e Reflexão Supina

O primeiro passo a ser dado é tomarmos a CONSCIÊNCIA SUPINA geral das cartas, também chamada de ARCANO DO TARÔ, e nos inteirar de cada uma delas, fazendo uma autorreflexão: em que Arcano ou Fase Supina eu estou na minha vida neste presente momento? Estou numa fase boa ou ruim? Como faço para me livrar do Arcano ruim? Como faço para tirar mais proveito do Arcano bom?

Primeiramente, vamos estudar os vinte e dois Arcanos Maiores, justamente os que mais influenciam o destino geral das pessoas...

Para facilitar a Consciência Supina de cada carta, procuramos ilustrar a maioria delas com imagens autoexplicativas e, em algumas, a narrativa de experiências vividas.

As influências dos Arcanos Maiores nas nossas vidas

Sabia que, neste exato momento, lendo estas bem traçadas linhas, você está vivenciando o Arcano Louco?

Para as leis do Mundo Magnético, que regem o tarô e a vida de todos os seres, essa é a Consciência Supina de que você precisa.

Portanto fique atento: em todos os momentos da nossa vida, estamos sendo regidos por um dos Arcanos Maiores.

Quando vai encontrar a pessoa que namora, você está sob o julgo da Carta Enamorados, quando você fica fechado no seu mundo, trancado no seu quarto sem querer falar com ninguém e desacreditado de tudo o que existe, está sob o domínio do lado invertido do Ermitão, e assim por diante.

Caso desejarmos ser senhores do nosso próprio Tempo Supino, temos que saber identificar, a cada momento, qual dos 22 Arcanos Maiores está nos regendo... Por isso, existem escolas de Tarô que só estudam os 22 Arcanos Maiores. Nós os temos separados em tamanho gigante para podermos olhar nosso Tarô Supino com eles.

Porém não descartamos os Arcanos Menores, posto que em um dos quatro Pequenos Naipes (Ouros, Copas, Paus e Espadas) estão traçadas as linhas gerais da vida de cada pessoa. Será de fundamental importância saber se você é uma pessoa "Copas", "Paus", "Ouros" ou "Espadas".

ARCANOS MAIORES

LOUCO

O zero significa que você, como Tolo, Aprendiz ou Louco está no nada, no vazio. Por isso, representamos a figura de um jovem saindo do portal vazio. Veja que está cercado pelo número um em algarismo romano pelos quatro lados da carta. O zero pode escolher qualquer destino para dar o seu primeiro passo.

Consciência Supina: o primeiro contato que todos nós temos com esse Arcano é no nosso nascimento. Assim que saímos do útero materno (portal zero), vivenciamos o Arcano Louco, pois estamos saindo da escuridão, para a claridade da luz exterior, ou seja, vamos iniciar nossa vida sobre a Terra. Enquanto nossos olhos não viram a luz, estão no Arcano Louco. No instante em que se abrem e sentem a dor da claridade, estão diante do Arcano Mago.

Portanto entenda este Conceito Supino:

Arcano Zero, Arcano Louco = trevas, nada.
Arcano Mago, Arcano Primeiro = luz, tudo.

Como o Arcano Louco vê você? Ele o vê num momento de escolha, dúvidas ou incertezas que antecedem o primeiro passo, a primeira atitude.

Lado Favorável: os virtuosos (pessoas que nascem com dom de interpretação) interpretam essa carta como alguém que tem uma escolha importante a fazer, um empreendimento novo (negócios), amor novo etc. Início de alguma atividade nova – algo ainda desconhecido, por exemplo, não sei nadar e entro na escola de natação – lá eu sou o Louco, o aprendiz.

Lado Contrário: pelo lado invertido, os virtuosos interpretam como perigo de má escolha.

Trilha da Vida: situações na vida em que estaremos sob a regência do Arcano Louco, sempre nos momentos em que estamos na expectativa de alguma atitude a ser tomada: vou falar com tal pessoa – depois de ficar na trevosa dúvida, falo ou não? – ou aprender alguma coisa nova, como, por exemplo, aprender a nadar, andar de bicicleta, falar um novo idioma etc. Antes da primeira lição, estou vivenciando o Arcano Louco. Também é o momento da escolha, vou começar a estudar música, não pintura... Vou começar um doutorado, começar a execução de um projeto, sair para comprar um imóvel, uma roupa etc.

Dúvida: qual o momento em que termina o Arcano Louco?

No primeiro passo, quando toca o chão, já estamos no Arcano Mago, ou seja: após a primeira aula, após definida a escolha e iniciada a atividade etc.

Pequena parábola da rápida mudança dos arcanos: imagine a situação do mergulho. Quando tiramos os pés do chão e ainda estamos no ar, nosso Primeiro Arcano é o Louco, mas quando o corpo atinge a água, estamos no momento do nosso Segundo Arcano, Mago, que nos deixa lá no fundo. Se sabemos nadar, já estamos sob influência do Terceiro Arcano que rege aquela ação, o Carro; se não sabemos nadar, estamos na influência da outra possibilidade de Terceiro Arcano naquela ação, o Enforcado.

Verbos que essa carta pode representar: ensaiar, pesquisar, buscar, viajar, procurar, escolher, andar, atrair, mudar, libertar, aventurar, pensar, refletir, observar, achar, empatar, atolar, enroscar etc.

Substantivos que essa carta pode representar: inocência, ingenuidade, pureza, infância, fé, esperança, aprendiz etc.

Adjetivos negativos: desajuizado, maluco, irresponsável, imaturo, insensato, viciado etc.

Essa carta representa o NADA de onde sai o TUDO, conforme vimos no comentário sobre os Arcanos Maiores.

Reflexão: pense em uns cinco momentos LOUCOS que você viveu. Qual vai ser a próxima vez, tirando o presente; o agora, em que viverá a energia desse Arcano?

MAGO

Consciência Supina: o Mago representa nosso primeiro contato com a Luz, já que no Louco viemos do Nada. Devemos lembrar que nosso universo é binário, ou seja, como nas linguagens dos nossos computadores só existe o zero (0) e o um (1). Todo o universo gráfico maravilhoso que temos disponível nas telas virtuais vem das infinitas combinações entre o zero e o um, o nada e o tudo, o *yin* e o *yang*.

Portanto o Mago é quem lhe dará, em todas as situações da sua vida, a primeira luz em direção ao seu objetivo final. É o professor que dá a primeira aula de cada matéria, pois, a partir da segunda, quem assume o comando energético é o Ás de Copas – Arcano Menor que representa os professores e afins.

Por isso que agora você vivencia o Arcano Mago em seus estudos, já que essa é sua primeira aula sobre Conhecimentos Supinos e você já saiu do Arcano Louco. Primeiro veio o Louco, segundo, vivo o momento Mago, para que Arcano eu vou como terceiro?

Você pode ir para vários, pois só os dois primeiros arcanos, o Zero e o Um, são obrigatórios. A partir do 1, você pode pular para qualquer um dos Arcanos. E esses Arcanos, para os quais você pode pular, estão demonstrados na própria imagem da Carta Mago como aleatórios e como um caminho de cartas que voam no ar.

Vamos supinar seu Terceiro Arcano

Por isso, vamos continuar os presentes estudos na verdadeira Forma Supina, preste muita atenção.

Nos tarôs comuns, só o Arcano Mago dá as cartas, e você submissamente obedece.

Vamos assumir nossas cartas! Basta mostrar atitude que o Arcano Mago vai deixar você mexer no Tempo Supino...

Noção das cartas mais buscadas, dentre as que você pode escolher:

Vai valer a carta 6, Arcano dos Enamorados, para quem está fazendo o presente estudo pensando em abrir e modificar os caminhos amorosos...

Vai valer o Arcano 8, Força, para quem acredita que depois de adquirir os novos conhecimentos vai conseguir libertar-se e passar por cima de todos os obstáculos alcançando a vitória tão desejada.

Valerá a carta 14, Temperança, para quem busca Sabedoria, Adaptação e Reinventar-se.

Valerá a carta 19, Sol, para quem quer brilhar ou ter um bom padrinho ou madrinha para abrir seus caminhos...

Vai valer o Arcano 10, Roda da Fortuna, para aqueles que querem prosperar na vida...

Vai valer a carta 7, Carro, para quem quiser tomar as rédeas da própria vida...

Vai valer a Carta 5, *Baby* Hierofante, para quem quiser entender o grande jogo de manipulação sempre existente...

Vai valer a carta 3, Imperatriz, para aqueles que pensam em ajudar no futuro dos filhos e familiares...

Vai valer a carta 21, Mundo, para quem já venceu na vida e agora quer ajudar os outros...

Existem as outras cartas, não mencionadas aqui, que você também fica livre para escolher.

Alerta: assuma você a escolha da terceira carta! E, por que não, da quarta e da quinta, também?

Vá imediatamente à leitura do principal Arcano que lhe interessa (3ª carta), depois à próxima (4ª carta) e mais outra (5ª carta)! Reflita sobre tudo o que leu. Em seguida, retome a leitura a partir desse ponto.

Alerta do Supino

Se fez o que aconselhamos anteriormente, você já ganhou um ponto de vantagem com o Mundo Magnético, pois mostrou que tem aptidão para mudar seu destino com esse simples exercício. Se não fez, ainda dá tempo. Nessa primeira prática sugerida, você ensaiou como dar as Cartas Supinas de forma ativa.

Segunda prática: resposta do Mago

Para quem fez os Exercícios Supinos anteriores, agora abra a esmo o presente livro, valendo até mesmo a parte dos Arcanos Menores, e veja que página aberta irá parar nas suas mãos. Leia com atenção e volte a ler a partir desse ponto. Por que estamos fazendo a didática dessa forma? Para você aprender a lidar com o Supino (escolhendo seus arcanos) e respeitando a resposta do Mago – que direcionou a página que caiu a esmo... Entenda que quem comanda as cartas tiradas em todos os tarôs do Mundo é o Arcano Mago, e que ele é o próprio Magnético Personificado. Mas nós podemos, dentro das Regras Supinas, jogar de igual para igual com ele. Você pode e consegue...

Tente interpretar, por si mesmo, tudo o que você leu e qual resposta foi dada...

Se conseguiu interpretar, ótimo. Se não conseguiu ou ficou com dúvida, normal. No decorrer dos estudos, tudo se esclarecerá.

Seguindo com os estudos sobre o Arcano Mago

Portanto o Arcano Mago, que representa na dimensão material seu primeiro momento em tudo, no Mundo Supino, ele é o próprio Magnético, a própria força do destino personificada...

É ele quem joga, em forma de cartas, os fatos reais e concretos que ocorrerão no seu destino. Procure entender o Magnético fazendo as leituras em paralelo que indicaremos.

Observação: com o Arcano Mago não se brinca – se der o primeiro passo, será testado naquele caminho e não tem volta – você terá que cumprir todo o ciclo programado pelo Mago para conseguir escapar de um primeiro passo ruim.

O Mago representa o início de tudo, seja para o bem, seja para o mal. Dependendo da escolha feita, ele joga a você as cartas para essas direções. E, para o Mago, tanto faz você caminhar para a vida ou para a morte, para o sucesso ou para o fracasso, pois essa carta não se mede por critérios humanos... O Mago é quem dá todas as cartas do tarô...

Como o Arcano Mago o vê? Como uma semente que ainda não tocou o chão. Os Atlantis chamavam o Mago de Grande Pai Supremo Espiritual.

Lado Favorável: os virtuosos (pessoas que nascem com dom de interpretação) interpretam essa carta como alguém que tem sabedoria e confiança em si mesmo, sendo capaz de agir com intuição, facilitando a solução dos problemas.

Nessa carta há a execução, pois não basta a ideia e somente dar o primeiro passo (carta Louco), você precisa saber conduzir a situação com intuição.

Lado Contrário: pelo lado invertido, os virtuosos interpretam como perigo, destruição etc. Cuidado com o uso do poder de forma destrutiva. A falta de prudência e cortesia pode prejudicar as ações, porém vale ressaltar que nessa carta a pessoa terá o universo conspirando a seu favor. Por outro lado, a indecisão, a inaptidão e o medo podem bloquear as energias criativas. Há o risco de sofrer dores de cabeça e enxaquecas.

Trilha da Vida: situações na vida em que estaremos sob a regência do Arcano Mago.

Vejamos a Carta Mago, no amor: no momento do primeiro beijo, você está vivenciando essa carta.

Ainda dentro do Amor, enquanto a pessoa for virgem, estará vivenciando a Carta Louco nesse fundamento, pois está dando seus passos dentro do namoro sem o envolvimento sexual. No exato momento da perda da virgindade, vivencia o Arcano Mago, pois o Mago se faz presente na primeira vez em tudo na sua vida, mas no seu segundo ato sexual já será outro Arcano.

Se a pessoa virgem (Arcano Louco) perdeu a virgindade com outra pessoa que está no Arcano Temperança, o resultado da próxima carta será muito bom, podendo ser o Arcano Roda da Fortuna, ou Sol, ou Mundo, por exemplo. Porém se perdeu a virgindade por pessoa dominada pelo Arcano Diabo, a próxima carta será muito ruim, podendo ser direcionada para as Cartas Enforcado, Torre ou Morte. Conforme for a energia dessa experiência (positiva ou negativa), será a próxima carta que o Mago lhe jogará no Mundo Magnético, e você terá que cumprir todo o ciclo de glórias ou sofrimentos no mundo material. Essa lei se aplica a todos os seres humanos, ateus ou não.

Nunca devemos nos esquecer que o Mago irá testar sua persistência, resiliência, pois a partir dele é que surgirão os outros Arcanos.

Na área profissional, no seu primeiro dia de trabalho, você irá passar pelo Mago, mas este estará presente até a entrega do serviço e, de acordo com a entrega, seu destino ali será traçado, pois, a partir do segundo dia, quem poderá comandar será o Imperador ou o Diabo, como seu chefe.

Dica de ouro: como me valer da proteção do Arcano Louco?

Os jovens devem se manter na carta Louco diante das drogas, ou seja, ter a informação (presciência) de que não devem experimentar (Carta Mago), porque, após esse primeiro ato, o Arcano Mago considerará o jogo iniciado, pois o primeiro passo foi dado e lhe jogará cartas ruins no destino, como os Arcanos Enforcado, Diabo e Morte. As pessoas regidas pelo Arcano Menor, Espadas, são geralmente as que sofrem sendo viciadas, enquanto as de Arcano Copas do mal viram os traficantes que não se viciam. Os Arcanos Ouros geralmente são imunes e os Arcanos Paus, variáveis.

Resumindo, o momento da Carta Mago é quando você já tomou a sua decisão, ou seja, o primeiro passo e, agora, seus caminhos serão direcionados em diferentes trilhas. Para mais informações, procure por cursos em nosso site.

A Carta Mago se faz presente, então, quando você simplesmente aperta o botão *play*.

Esta obra fará você refletir sobre os momentos em que vale a pena só ficar olhando a tela e quando de fato o *play* deve ser aplicado no *game*.

Verbos que essa carta pode representar: estrear, abrir, destampar, principiar, inaugurar, começar etc.

Substantivos que essa carta pode representar: presciência, instinto, intuição, ou seja, o que devemos saber antes de fazer algo pela primeira vez.

Adjetivos negativos: imprudente, destruidor, arrogante, indelicado, impolido etc.

De uma maneira geral, o Arcano Mago representa a origem, o hoje, algo do etéreo manifestado no mundo físico.

Reflexão: pense em uns cinco momentos MAGO que você viveu. Qual vai ser a próxima vez, tirando o presente momento, em que irá viver a energia desse Arcano?

SACERDOTISA

Esse Arcano também é conhecido como PAPISA. O primeiro contato que todos nós temos com ele é quando iniciamos o processo de autoconsciência.

Consciência Supina: vamos seguir a linha de raciocínio sobre o nascimento. O ato de sair do útero materno e nascer é o Louco. O primeiro passo é o Arcano Mago. Após a primeira queda (provocada pelo Mago), no exato momento em que nos levantamos sozinhos, pela primeira vez, aí, sim, estaremos diante da Sacerdotisa, ou seja, o Arcano que mede nossa força interior: resistência, resiliência, humildade, perspicácia etc. Ela vai medir e definir sua força ou fraqueza de alma. Inúmeras vezes, esse Arcano se fará presente em nossas vidas, após todas as quedas que tivermos, em todas as áreas: afetivas, físicas, financeiras etc. Aqueles que caem e não se levantam, perdem para a Sacerdotisa.

Agora, continuando com a leitura desses Arcanos, você está no momento Sacerdotisa. Vamos lhe ensinar a medir esse momento.

Se você sentir desinteresse, significa que sua energia interna, *yin*, não está vibrando em sintonia com os presentes estudos e, logo, terá tudo isso apagado da sua cabeça pela carta Torre. Se tiver interesse, a Sacerdotisa entenderá que tem força suficiente para estes estudos.

A carta Sacerdotisa representa sua Luz Interior, sua autoiluminação. FORÇA *YIN* (como você lida com ela? – o quanto você aguenta apanhar?).

Frase de Sylvester Stallone no filme *Rocky Balboa:* "O que importa não é o quanto você bate, mas, sim, o quanto você aguenta apanhar." – na realidade, na melhor luta de boxe de todos os tempos, foi assim que Cassius Clay venceu George Foreman, nocauteando-o após Foreman se cansar de tanto bater nele.

Com a aprovação do Arcano Sacerdotisa, a vida fica mais fácil, pois ela intercede junto ao Mago que jogue Cartas Boas para o nosso destino. Caso contrário, sem a aprovação desse Arcano, o Mago só nos jogará cartas difíceis.

Como a Sacerdotisa o vê? Como uma alma a ser purificada, ou como uma garrafa com água suja por dentro, que precisa ser filtrada sem sair da garrafa. Por isso os Atlantis a chamavam de grande Mãe das almas.

Lado Favorável: os virtuosos (pessoas que nascem com dom de interpretação) interpretam essa carta como alguém que tem discrição, sabedoria além da superficialidade, intuição, serenidade, atenção e paciência.

Nessa carta, podemos compreender que a Sacerdotisa atua no nosso equilíbrio interior, no inconsciente, na transformação interna...

Lado Contrário: pelo lado invertido, os virtuosos interpretam como falta de fé, impaciência e obsessões que podem causar uma dificuldade de percepção do nosso interior. Há possibilidade de ocorrência de problemas físicos circulatórios ou linfáticos, além de alterações no sistema urogenital.

Lado negativo dentro de cada pessoa: manter-se neutro ou passivo demais, indica que você faz parte do lado sombrio da Sacerdotisa. Manter-se passivo diante de coisas erradas, suportar demais quem toma o errado por certo (quem perde para o lado negativo do Arcano Lua) e nunca confronta na defesa do que é certo, ficar só apanhando sem dar o golpe final da vitória, você ficará preso ao lado desfavorável desse Arcano, pois será considerado uma árvore que não produz fruto, ou seja, uma pessoa que sabe muito, mas que nunca usa seu conhecimento em prol de si mesmo ou de outras... E isso o prejudicará no Arcano Julgamento.

Trilha da Vida: situações na vida em que estaremos sob a regência do Arcano Sacerdotisa. No exemplo usado no Mago, quando perdemos nossa virgindade para o Diabo, em vez da Temperança, a melhor carta que pode nos ajudar é a Sacerdotisa, e ocorre quando refletimos sobre o nosso primeiro passo, nossa atitude errada. O arrependimento sincero e verdadeiro fará a Sacerdotisa enxergar uma luz dentro de você e, então, ela pedirá ao Mago para lhe mandar cartas boas.

Verbos que essa carta pode representar: vigor, resistir, resignar, suportar, persistir etc.

Substantivos que essa carta pode representar: domínio, firmeza, impulso, resiliência, alçada, vigor, mediação, perfeição etc.

Adjetivos negativos: fraco, débil, pacífico, desistente, inato etc.

Reflexão: lembre-se de três bons momentos em que você viveu esse arcano. Lembre-se de três contrários também.

IMPERATRIZ

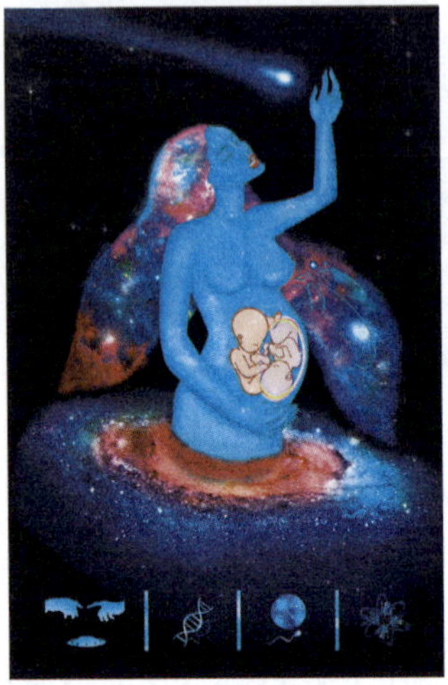

Esse Arcano, no Mundo Magnético, é também conhecido como Grande Mãe Terra, da qual herdamos toda nossa herança genética (pois nosso corpo material vem diretamente dela), ou Matriarca da Família Espiritual, que nos põe em sintonia com as leis cármicas e espirituais que regem a vida material de uma alma presa a um corpo humano.

Consciência Supina: o primeiro contato que todos nós temos com esse Arcano é no útero materno, pois nos cuida e protege na fase Pré-Louco e, após o nascimento, quando mamamos pela segunda vez no peito de nossa mãe, lembrando que todo ato de primeira vez pertence ao Arcano Mago. Portanto a Imperatriz representa a força de sua família sobre você, o corpo carnal que herdou, sua herança cultural; em que país nasceu, que idioma fala, sua estrutura corporal, seus costumes, valores, visão de mundo, ou seja, tudo o que sua criação e sua estrutura familiar primária podem lhe proporcionar de bom e de ruim.

Como proceder com esse Arcano? Saber vencer, transcender os laços familiares, ou seguir os laços familiares, conforme a situação. Se o seu carma individual for grandioso, precisa quebrar os limites familiares. Porém se você for o filho pródigo que saiu, quebrou a cara e voltou, procure refúgio no carma familiar. Toda carta tem seu lado bom e o ruim.

Quem nasce filho do rei, pela força do Arcano Imperatriz, herdará o título de príncipe. Da mesma forma que quem nasce filho de francês será francês; filho de japonês, japonês; filho de índio, índio.

Enquanto somos filhos, sofremos de forma passiva os efeitos desse Arcano. Quando nos tornamos pais, vivemos a forma ativa.

O Arcano Imperatriz une as pessoas, pois aproxima todos aqueles que pensam da mesma forma, que possuem as mesmas buscas, ideais ou ideologias. A união tanto se dá para o bem quanto para o mal. Vejamos, o que une um país no sentido de patriotismo vem da força desse Arcano, como também une bandidos para formar uma quadrilha.

A Imperatriz se subdivide em várias formas, protege os seus e destrói aqueles que não são seus. Vejamos um exemplo de Proteção: se você pertence àquele grupo, significa que você é aceito pela força da Imperatriz que o rege. Se não é aceito pelo outro grupo, é porque a força do Arcano Imperatriz que rege esse grupo não é compatível com você. Mas nada o impede de pertencer a outro grupo regido pela Imperatriz.

Exemplo de Destruição: uma torcida de futebol é unida pela força desse Arcano, e quando duas torcidas brigam entre si, são os lados antagônicos desse próprio Arcano que se digladiam. Vale ressaltar que, nesse caso, o Arcano Imperatriz sofre influência contrária do Arcano Diabo.

Inúmeras vezes nos depararemos com esse Arcano: sempre que lidarmos com nossas amizades, colegas de profissão, familiares etc.

Como a Imperatriz o vê? Como um filho material que lhe pertence.

Entenda: a Sacerdotisa é sua Mãe Espiritual (vai testar sua força de alma). A Imperatriz é sua Mãe Terra, Mãe Material (vai lhe dar um corpo na matéria e valer-se das leis espírito-materiais para lhe reger).

Lado Favorável: o Arcano Imperatriz tem o poder de irmanar as pessoas na busca de um objetivo comum. Os virtuosos interpretam essa carta como criatividade, abundância e produtividade.

Lado Contrário: quando permanece em demasiada proteção sobre suas criações, tende a ficar debilitada gerando a inatividade. Destruição e perda de colheitas.

Trilha da Vida: quando você namora uma pessoa, quem rege o relacionamento é o Arcano Enamorados. Depois que se casam, quem rege a relação é a Imperatriz, e novas Leis Magnéticas vão atuar na vida do casal.

Quando o conflito entre duas Imperatrizes (mães materiais) é solucionado pela Sacerdotisa (mãe espiritual)?

Quem é adotado por outra família como, por exemplo, uma criança chinesa que é adotada por um casal canadense. Qual força de Imperatriz prevalecerá sobre ela? A energia magnética/espiritual da Imperatriz que rege a família canadense que a adotou ou a energia genética da Imperatriz Asiática do útero que a gerou? Temos respostas variáveis: se o adotado assume com força interior da carta Sacerdotisa os valores da nova família, nas leis cármicas valerão as regras da Imperatriz da nova família, posto que a Carta Sacerdotisa, que mede os corações, força de alma e as vontades anteriores, lhe outorgará tal poder. Porém se a Sacerdotisa achar que o adotado dá mais valor à família original, a este lhe caberá as influências da Imperatriz Chinesa. Esse foi o exemplo de como a Mãe Espiritual tem o poder de escolher quem vai ser sua Mãe Material e como, para quebrar um carma familiar, precisamos da Mãe Espiritual.

E como fazer, se eu quiser mudar a influência da Imperatriz sobre mim em caso de família com carma altamente negativo? Uma prática atual sobre como quebrar a influência negativa da Imperatriz e atrair sua boa influência vem do método "Constelação Familiar", desenvolvido por Bert Hellinger. E muitas pessoas que sabem constelar (mexer na Constelação Familiar) agora poderão também supinar para obter os objetivos desejados. Mas uma técnica não invalida a outra, pelo contrário, reforça.

Assumir outra Imperatriz não é fácil, pois precisamos do aval do Arcano Sacerdotisa.

Portanto tenha consciência de que esse Arcano se apresenta em camadas e dimensões, onde temos: a Imperatriz Cósmica (rege os extraterrestres do mesmo cosmos), a Imperatriz Mundial, a Imperatriz Continental, a Imperatriz Patriótica, a Imperatriz Religiosa, A Imperatriz Ideológica, A Imperatriz Estadual, A Imperatriz Municipal, A Imperatriz Profissional, A Imperatriz Familiar etc... E todas essas camadas o influenciam.

Dúvida: existe a Imperatriz Individual? Claro que não! A pessoa tem a sensação de Imperatriz Individual quando influenciada por lados negativos de outras cartas como Ermitão, Enforcado ou Torre, quando fica isolada no seu mundo interior.

As religiões "antepassadistas", o culto ao antepassado, são regidas pela força da Imperatriz, pois ela que une as famílias espirituais.

Verbos que essa carta pode representar: unir, cooperar, construir, dominar, torcer, alimentar, cuidar etc.

Substantivos que essa carta pode representar: família, sociedade, torcida, legião e fertilidade.

Adjetivos negativos: destruído, derrubado, estéril etc.

Agora, lendo estas presentes escritas, você vai se conscientizar de toda bagagem herdada de sua família, amigos e estudos..., ou seja, toda sua tradição cultural. Prosseguindo nos estudos, você terá muito em comum com todos os buscadores que leem a presente obra, formando uma nova Imperatriz.

Reflexão: pense em uns cinco momentos IMPERATRIZ que você já viveu, tanto os positivos quanto os negativos.

IMPERADOR

O Arcano Imperador, em sentido amplo, representa a nossa relação com o sistema que regulamenta a vida na matéria, ou seja, o governo, as regras que devemos seguir, as convenções, os usos e costumes. Nesse Arcano, você fica em sintonia ou não com a sociedade, a burocracia, a lei, a ordem do local e os impostos que pagamos onde vivemos. Em sentido estrito, representa a figura responsável pelo sustento do lar, da família, o seu superior no trabalho etc. É o líder que mantém a lei e a ordem.

Consciência Supina: essa carta representa a ordem dentro do caos, o poder do mundo organizacional da matéria sobre seu corpo, sua pessoa. Chamado de Mundo de César (mundo da matéria). Você precisa saber lidar muito bem com César e "dar a César o que é de César", e enquadrar-se no sistema de César, pois não há como fugir desse Arcano Maior. Quando nos mudamos de país, mudamos apenas da influência de um César para outro, de um sistema de leis e regras para outro sistema de leis e regras... Simples assim. Estamos cansados de saber quem é César: Dá a Deus (Arcano Mago) o que é de Deus e dá a César (Arcano Imperador) o que é de César. Esse Arcano chama a sua atenção para ver se você entende da lógica e da razão que regem a vida e o governo do homem encarnado, dos ateus, dos negociantes, da política, dos três poderes: legislativo, executivo e judiciário.

Como o Imperador o vê? Como uma ovelha a ser conduzida, um número de documento que precisa se enquadrar nas suas leis humanas. Os Atlantis o chamavam de Grande Pai Material.

Lado Favorável: os virtuosos interpretam essa figura como paixão, ditadura, dominação, paternidade, liderança etc.

Lado Contrário: indecisão, imaturidade, infantilidade, dependente emotivo, seguidor de cegos (lado ruim do Hierofante), bárbaro, anárquico. Pessoa dependente, imaturidade, escravidão emocional, necessidade de alguém com figura de autoridade etc.

Trilha da Vida: o primeiro contato que todos nós temos com esse Arcano é quando passamos a ter consciência do outro, além de nós mesmos. Nosso primeiro exercício desse Arcano ocorre quando aprendemos a dividir os brinquedos com as outras crianças durante a primeira infância. E, durante toda a vida, nos depararemos com esse Arcano quando aprendemos novas regras, novas leis, novas formas de nos integrar com a sociedade, como pagamento dos impostos, por exemplo. Em resumo, cada vez que pagamos um tributo ou obedecemos a uma autoridade, estamos diante da Carta Imperador, caso contrário estaremos fora do sistema. Curiosidade: até para os que se julgam fora do sistema existem regras a serem obedecidas, sejam elas de caráter humano ou de caráter da natureza. Exprime a razão governando sobre as emoções, os sentidos e os sentimentos.

Verbos que essa carta pode representar: ensaiar, pesquisar, buscar, procurar, escolher, andar, atrair, mudar, libertar, aventurar, pensar, refletir, observar, achar, empatar, atolar, enroscar etc.

Substantivos que essa carta pode representar: mantenedor, pai, curador, responsável, patrão, político, líder, autoridade, protetor, xerife, policial, guerreiro, provedor, guia, tradição, foco, direção, confiança, firmeza, ímpeto.

Adjetivos negativos: autoritário, ditador, preconceituoso, corrupto etc.

Reflexão: pense em uns cinco momentos IMPERADOR que você vive diariamente, tanto os aspectos positivos quanto os negativos.

BABY HIEROFANTE

Essa carta sempre foi a mesma, porém, pela percepção dos cartomantes, foi se modificando no decorrer dos tempos. Ocasionou escândalos quando foi apresentada na figura do Papa. E por que o Papa? Porque na Idade Média o Papa era a pessoa de maior influência nas decisões e no pensamento mundial, principalmente porque sempre estava ao lado dos Reis, Imperadores, dando-lhes uma garantia de que Deus apoiava suas decisões (*marketing* de manipulação das massas daqueles dias)!

Antes do Papa, os Trovadores cantavam em verso e prosa os feitos dos heróis e se constituíam nos Hierofantes da sua época. Vemos nos clássicos *Ilíada* e *Odisseia*, de Homero, que a grande preocupação de heróis como Aquiles era ter sua história e seu nome cantados pelos Hierofantes da época para serem imortais.

Na Grécia Antiga, os filósofos foram os Hierofantes...

Consciência Supina: no mundo atual, os Hierofantes são os influenciadores digitais, a mídia, os "papas da moda" que ditam os comportamentos e os costumes e garantem votos aos políticos mandatários, assim como o Papa garantia apoio popular aos Reis medievais.

Mas nada mais atual na área do "hierofantismo" do que o lugar de destaque que a juventude ocupa, ou melhor: hoje a infância vem ocupando a zona central da influência mundial. A geração "alpha" é a que está na crista da onda e as gerações anteriores, por influência de todo o mecanismo que faz parte do Arcano Hierofante, sentem-se inferiores, rendendo bençãos a uma geração de bebês.

O Hierofante está dando voz a pessoas com total inexperiência de vida, tornando-os comandantes no apontamento do caminho a ser seguido em todas as áreas. E todos nós, como sempre, aplaudindo tudo isso. Veja que a multidão segue tudo o que o *Baby* Hierofante fala e apenas uma pessoa em cada multidão enxerga o que acontece, mas nada se pode fazer contra essa correnteza que ele comanda, contra o efeito rebanho que ele provoca nas pessoas.

Como o Hierofante o vê? Ele o vê como uma mariposa em busca de luz e vai brilhar uma falsa luz para você. Ele vai testar se você se deixa guiar pelo dualismo, se aceita a manipulação material de jogar um grupo de pessoas contra outras.

Só escapa do Hierofante quem acorda e se liberta do dualismo, quem entende que é uma alma presa num corpo e não o contrário. Como alma presa num corpo, você pode vir branco numa encarnação, negro na outra, amarelo nas demais. Entendendo isso, você se liberta do Hierofante e para de brigar pelos falsos valores, pelas brigas inter-raciais que ele prega. Os Atlantis chamavam o Hierofante de Grande Condutor Cego, ele faz parte do teste do Mago, para ver como você lida e supera a força externa coletiva humana.

Lado Favorável: os virtuosos interpretam essa carta como ortodoxia, necessidade de seguir as normas sociais, convencionais etc. Atividades e crenças de grupos, tradicionalismo.
Lado Contrário: rompimento com as figuras sociais e abertura

da mente a novas ideias e formas de pensamento. Alienação. Cuidado para não ficar preso a esse Arcano!

Temos diversos níveis de Hierofantes no mundo e na vida particular:

- Hierofante cósmico – fora do alcance humano, que conduz os *aliens* a não fazer contatos com o povo humano.
- Hierofante mundial – que está direcionando o mundo desde sempre.
- Hierofantes continentais, estaduais etc.
- E, o pior de todos, o que está ao seu lado encarnado como pessoa. Ele pode ser o amigo que o leva para o mau caminho, o mau professor, o mau colega de trabalho etc.

Como funciona o poder do Hierofante ao lado de outros Arcanos

Próximo do lado negativo da Lua, o Arcano Hierofante pode dar dimensões mundiais a pensamentos errados e fazer com que as pessoas e toda a humanidade tomem os valores errados por certos. Ao lado da carta Temperança, ele pode fazer as pessoas serem sensatas e sábias em nível mundial.

Ao lado de uma Imperatriz patriótica, ele pode unir toda uma nação para dominar o planeta (e essas duas cartas juntas comandaram o Império Romano no seu auge, a Espanha no seu auge). Já ao lado da Lua negativa, da Imperatriz nacional ele conduz todo um país para a ruína...

Alerta! Muito cuidado com o Hierofante, pois ele controla a visão de mundo, o VESPA – Ver, Escutar, Sentir, Pensar e Agir de 99% das pessoas. Não é fácil fugirmos. Muito pelo contrário, somos influenciados por ele e, quando repassamos como fontes repetidoras o que fomos influenciados, nos tornamos parte dele, somos micro Hierofantes..., e nem temos direito a ter consciência disso...

Trilha da Vida: o Hierofante é seletivo e procura arrebanhar você em um grupo fechado. Também representa a figura de um padrinho, alguém que dará conselhos (*coach* espiritual), bem como também pode representar a necessidade de você trocar de conselheiro (*coach*, professor, médico, terapeuta, psicólogo etc.).

Esse Arcano também representa o controle externo da sua mente por pessoas estranhas à sua família ou amigos como, por exemplo, quando ouvimos frases do tipo: "uso preto porque o movimento que sigo manda andar de preto (chefe da turma), quero raspar a cabeça porque todo mundo da minha turma raspou (controle mental de grupo)", entre outros exemplos. No mundo da moda, também isso ocorre (agora está na moda usar calça boca de sino e cabelo anos 1970) – controle mental sobre a vestimenta, o comportamento. Quando aparece esse Arcano, significa que a pessoa não vive a vontade própria, não é capaz de ter um pensamento ou sentimento individualizado, mas, sim, a de um grupo ou de alguém que o manipule.

Verbos que essa carta pode representar: ensinar, doutrinar, subjugar, inspirar, organizar, apegar, harmonizar etc.

Substantivos que essa carta pode representar: tradição, crença, equilíbrio, fidelidade etc.

Adjetivos negativos: conformado, apegado, rancoroso, intolerante etc.

Reflexão: pense em uns cinco momentos HIEROFANTE que você já viveu ou ainda vive, tanto os aspectos positivos quanto os negativos. Já havia pensado sobre isso? Já tentou se libertar em algum deles? Ou se mantém preso? E agora, com a leitura e Consciência Supina, você se deu conta disso?

OS ENAMORADOS

Esse Arcano representa a dualidade, a ambivalência, escolha.

Consciência Supina: enganam-se aqueles que pensam que esse Arcano tem a ver somente com amor, ou seja, se aplica a todas as áreas.

Mas vamos ao encontro do principal desejo dos que procuram estudá-lo: a busca da felicidade amorosa.

Como quebrar o carma e vencer na Carta do Amor com ajuda do Tempo Supino

Após muitas andanças, ela chegou a nossa ordem. Com o caminho amoroso totalmente fechado, após os estudos e conhecimentos necessários, ela pediu para abrirmos o Tempo Supino para vermos a possibilidade de quebra daquele ciclo ruim, onde só apareciam pessoas erradas na sua vida.

O caso dessa pessoa era gravíssimo, pois, antes de iniciarmos a abertura das cartas, precisávamos libertá-la da prisão da Carta Força que provocava fortes dores na região do ventre dela (até a água do chuveiro causava incômodo nela se ali batesse), o que a aprisionava numa vida assexuada. Portanto não poderíamos abrir as cartas para o amor sem antes não resolver aquela situação para livrá-la do tigre da Carta Força.

Após ela cumprir a Primeira Chave Supina para livramento de caminho amoroso (doação para instituição que cuida de mulheres carentes), como também a caridade para ter mais força e saúde material (doação para asilos), abrimos o portal temporal. Pelo Quarto Tempo, constatamos que havia, em primeiro lugar, a energia fortíssima e ruim de um ex-namorado que era da Carta Força (estude essa carta – pessoa de ID Ativo), o qual fechava os caminhos dela, fazendo o verdadeiro papel do Arcano Diabo (estude também a história ali contada) em sua vida amorosa. Por isso, ele atacava a saúde sexual dela, fora afastar os bons pretendentes, pois só se aproximavam pessoas péssimas na sua vida (faixa de vibração ruim para o amor – vide Arcano Justiça), o que lhe causava grande sofrimento. Vimos que ainda existia a possibilidade de se aproximarem três outras ótimas que estavam sendo seguras, mas que já estavam contaminadas. Então viu-se necessária a criação de um futuro alternativo, deixando o tigre ID Ativo, perdendo tempo segurando o futuro real, enquanto criávamos um Futuro Supino fora do alcance dele. Mas caso houvesse a percepção dessa manobra pelo ID ativo do ex, teríamos que aprisioná-lo.

Resumindo a história, superado o Diabo e recuperada sua saúde, chega o primeiro Fernando. Nossos 50% foram feitos (mudamos do péssimo futuro fixo para o futuro alternativo). Agora caberia a ela cumprir os outros 50% para tudo se concretizar (firmar o futuro, garantir a mudança). Engraçado esse detalhe atual no Tempo Supino, pois, algumas vezes, traz para a consulente pessoas do mesmo nome: três Fernandos, 3 Helenas, 3 Paulos, 3 Sofias... E, às vezes, até homônimas (mesmos nomes e sobrenomes). Vamos dizer que isso é uma brincadeira do Arcano Mago que gosta de brincar com a base 3.

Mas a consulente acabou perdendo o primeiro Fernando. Por quê? A maioria das mulheres não sabe da ciência da análise semiótica amorosa, pois não avalia o que foi que aconteceu ou onde foi que errou. Felizmente, acordamos todas elas para esses detalhes. Hoje, quais são os Arcanos Maiores que mais atrapalham a vida amorosa de uma pessoa? Não estamos falando dos específicos (lado mal da Força ou do Diabo), estamos falando dos que possuem influência global.

O Arcano Lua é o que causa estragos de ordem mundial, destrói o lado interno das pessoas que acreditam nela e faz com que percam grandes relacionamentos amorosos por causa de sentimentos errados que propaga. Pelo lado externo, temos o Arcano Hierofante, que divulga práticas externas totalmente erradas sobre amor, o que atrapalha em muito uma vida amorosa estável da maioria das pessoas nos dias de hoje. Para superar essa deficiência de informações, pedimos para que ela fizesse os nossos cursos cármicos de Amor para não perder os outros dois últimos Fernandos que estavam por vir pelo Tempo Supino. Tomando ciência dessas deficiências de informações amorosas, ela identificou quatro erros por influência da Lua na perda do primeiro Fernando e mais umas cinco por causa dos maus conselhos do Hierofante.

O clássico erro do "empapuçamento amoroso"

Teste amoroso de força *yang* proposto pelo Arcano Mago: ver se você acredita nas tolices amorosas divulgadas e ensinadas pelo Hierofante. Como temos compromisso com a verdade, vamos esclarecer! Ela cometeu o erro chamado "empapuçamento amoroso" – entenda a explicação. Ela se queixou: — A gente foi dormir na sexta-feira, namoramos a noite toda – fiquei muito contente porque não senti nenhuma dor! Mas, depois, no sábado de manhã, ele deu uma desculpa e foi embora, deixando-me almoçar sozinha. Erro grave que muitas pessoas cometem! Então, assistindo aos cursos mais avançados, viu onde errava e como ela faria para que o próximo Fernando ficasse para o almoço do dia seguinte e, dessa forma, não deixaria o próximo pretendente "empapuçado de amor".

O "empapuçamento amoroso" faz com que a pessoa que você passou a noite acorde com a sensação de quem comeu um doce muito forte, enjoativo, que só dá vontade de voltar a comer dali a alguns meses.

Então ela aprendeu a "agradar", sem "empapuçar". Conhecimento e arte que só as pessoas mais conquistadoras possuem. E muitas pessoas cometem esse erro gravíssimo e jamais terão a chance de entender por que almoçam sozinhas no dia seguinte... Mas ainda dá tempo de consertar essa falha.

Então chegou o segundo Fernando e ela não cometeu o mesmo erro. Deu tudo certo. Ela, agora, depois de uma noite amorosa, não mais almoçava sozinha de sábado, nem de domingo. Porém cometeu um erro gravíssimo com o segundo Fernando e ele foi embora. Era o teste de merecimento de mudança de futuro, proporcionado pelo Arcano Justiça.

Pedimos para ela escrever como foi que tudo aconteceu, ou seja, um relatório de como foi a viagem. Resumindo tudo, na Análise Semiótica Aquantarista, a conscientizamos do erro, o qual segue intitulado:

Como perder o noivo por desconhecer o inimigo oculto no jogo das emoções

Relato dela: — Eu e meu noivo viajamos para um *resort* no estrangeiro, junto com um grupo de amigos da multinacional em que ele trabalhava. E, influenciado pelos diretores, meu noivo, como um desmiolado, bebia sem parar. A meu ver, ele só queria aproveitar aquele barzinho à beira da praia para fazer seu *networking*, enquanto nós, namoradas e esposas, ficávamos tomando sol deitadas na areia. Eu comentei como estava me sentindo excluída pelo meu noivo, desabafando com a esposa de um amigo dele. Aliás, o marido dela, vice-presidente, comandava a bebedeira de que meu noivo participava. Então ela me disse: — Do meu marido, já desisti, cansei de corrigir. Mas você, que ainda é nova de relacionamento, dá tempo de consertar. Não cometa o mesmo erro que eu cometi por não ter agido na hora certa. Vai lá e tira ele dessa bebedeira.

E ouvindo a "sabedoria e experiência" dela, eu fui lá e o chamei. Não deu certo. Voltei. Mas, agora, com o reforço das outras, ela disse: — O que é isso, você precisa ser mais firme... Então eu fui lá e dei um barraco, arrastando-o do bar, e fiz várias ameaças. Minha "amiga" me aplaudia e ria junto com as outras. No fim da viagem, ele simplesmente terminou comigo, dizendo que não queria uma mulher como eu para a vida dele!

A Segunda Chave Supina: Mudança do VESPA (ver, escutar, sentir, pensar e agir).

Vimos que a Primeira Chave Supina é a caridade certa para tipo de Abertura Supina, ou seja, uma atitude externa (tem a ver com o Arcano Mago).

A Segunda Chave Supina é mudança interna (Arcano Sacerdotisa). Mudar o conceito de falar o que sente para: fazer o que sente. Mas isso é uma ciência pra poucos...

Após a leitura do seu desastre amoroso, lhe esclarecemos: — Aquela mulher era sua "inimiga oculta" e você nem percebeu, como de fato muitas pessoas têm "amigas" que são assim e nem desconfiam (prazer de amiga do Arcano Diabo é destruir dando mal conselho à outra). Você não passou no teste delas para se "enturmar" com elas. Ela estava lendo você até descobrir seu ponto fraco. E você já se entregou de bandeja, falando para ela o que estava sentindo e pensando. Daí foi fácil usar sua inexperiência de vida, pilhar você, fazer seus cavalos da Carta Carro dispararem sem controle, e usar seus sentimentos errados (Naipe Espadas) contra você mesma, para você ir lá dar coices nele... Para entender melhor a cena que você viveu, assista ao filme *O*

Poderoso Chefão, e preste atenção na aula que ele dá sobre sentimentos e emoções: "Filho, não fala numa reunião o que você pensa e sente. Seus inimigos vão saber usar isso contra você. Fale somente o que se pode falar". E acrescentamos: por isso que festa de poderoso é chata: eles não querem que ninguém leia seus pontos fracos! Bebem seus uísques moderadamente, enquanto embebedam os mais fracos para ler tudo sobre eles... Esse sempre foi o jogo! Foi sua "amiga" que quis terminar o seu relacionamento e você nem percebeu. Por que ela não foi lá dar barraco com o marido para dar o exemplo? Esclarecemos: ela foi seu "*Personal* Hierofante" e você foi muito facilmente mal influenciada, como muitas são em todos os tipos de ambientes e classes sociais. DIFERENÇA ENTRE QUEM APENAS FALA O QUE SENTE E PENSA PARA QUEM FAZ O QUE SENTE E PENSA (lição de ouro).

Então ela perguntou: — Mas não devemos falar o que sentimos e pensamos para sermos livres e não morrermos engasgados, agoniados, reprimidos?

Resposta: o que você está afirmando na sua pergunta é a verdade que se aplica para os Ases e cartas 1 e 2 dos Arcanos Menores do tarô, ou seja, para pessoas que estão no nível básico, principalmente as pessoas que nasceram no Naipe Espadas. Já para os Reis, Rainhas, Valetes e cartas acima de 10, que estão em um nível superior, esse pensamento já foi verdade, mas superado. Agora eles não falam o que sentem e pensam, porque simplesmente aprenderam a praticar o que sentem e pensam. Aprenderam que se falarem o que sentem e pensam, dificulta muito e atrapalha em se fazer o que sentem e pensam...

Portanto, em questão de sentimentos e emoções, essas duas respostas se encaixam para cada nível de pessoa: os que se aliviam falando e os que se aliviam concretizando seus sentimentos e emoções (mas essa segunda resposta é só para a diretoria, pois quem está na base não tem "Métron" para entender – estude na carta Justiça esse conceito). No Reino das Ordens temos 14 respostas certas para cada pergunta, pois a Verdade Supina apresenta 14 fases que se sobrepõem. Dissemos apenas as duas mais usuais.

Então ela entendeu que se comportou como um Ás de Espadas diante das Valetes, Cavaleiras e Rainhas e foi engolida viva... Ela aprendeu mais essa dura lição que o Arcano Justiça lhe trouxe, libertando-se dos Arcanos Lua e Hierofante, passando a ter inteligência amorosa, ou seja, cumprindo a Segunda Chave Supina.

Última Chance Supina no amor

No terceiro Fernando, ela passou na primeira fase (empapuçamento), passou na segunda fase (segurou seus cavalos da carta Carro), não se deixando ler pelas inimigas ocultas, pois ela percebeu a repetição do mesmo teste, passou por mais três testes e de maneira muito fácil, pois já tinha aprendido nos estudos como seriam. No fim, fez tudo direitinho e conseguiu ter uma relação estável, quebrando seu futuro solitário e vivendo o futuro alternativo proporcionado pelo Tempo Supino.

Como o Arcano Enamorados vê você?

Como um coração a ser testado no campo das escolhas amorosas.

Observação: amor no trabalho (trabalho com amor ou com ódio?), amor a si mesmo – a forma de amor mais difícil que existe, porque há os que não se amam, como os que são apaixonados por si mesmos e só cometem besteiras e não cuidam de sua própria pessoa, levando uma vida desamorosa consigo mesmos. (aprofunde-se nos estudos do Gita que constam em nosso site).

Teste do Arcano Enamorados para grandes atletas: seguindo as recomendações técnicas e do preparador físico, o jovem talento se prepara para dormir cedo. Porém um atleta mais velho passa de surpresa no meio da noite chamando-o para sair para uma noitada com as pessoas mais *tops* do país. O que fazer?

Coloco minha vida profissional acima de tudo, ou aproveito o nome que já tenho e saio para as noitadas às 23 horas e chego já em casa com o dia amanhecendo? Renuncio à vida pessoal e viro o melhor do mundo este ano (pratico a difícil arte de amar a mim mesmo e administro minha vida e carreira), ou me entrego aos prazeres e emoções da minha vida pessoal e logo serei mais uma promessa que não se concretizou no meio esportivo onde vivo (me deixo levar pela paixão a mim mesmo e me perco)? E somente são os melhores do mundo os que naquele ano venceram esse grande teste proposto pelo Arcano Enamorados, provando que amam a si mesmos, renunciando a paixões vãs.

Infinitas são as situações que nos deparamos com esse Arcano em nossas vidas.

Teste dos Enamorados no campo amoroso-profissional na Trilha da Vida: avisamos as pessoas sobre o teste do Hierofante. Metade passa e metade não. Como, por exemplo, na área profissional. Sempre fazemos o alerta: na hora que sua promoção sair (quando a Roda da Fortuna girar ao seu favor) e você for convidada para trabalhar no estrangeiro, o Mago jogará duas cartas a você como teste para ver se merece ter a Roda da Fortuna girando a seu favor. O Mago jogará no seu caminho a Carta Enamorados junto com a Carta Diabo. Então aquela pessoa apaixonante vai desesperadamente entrar em contato para que você volte, pois acabou de descobrir que você é a razão da sua vida!

Aviso importante! Se voltar a se relacionar com essa pessoa, após três meses, o relacionamento se acabará. E, assim, o Mago afastará a Roda da Fortuna do seu caminho. Como consequência, você ficará preso no Arcano Enforcado, com três a sete anos de azar, os caminhos amoroso e financeiro totalmente fechados. Porém se resistir ao teste dos Enamorados junto com o Diabo e ficar no emprego no estrangeiro, a Sacerdotisa interferirá por você junto ao Mago e ele jogará para você a Carta Enamorados, tendo ao lado a Carta Temperança, e você viverá o que ainda não tinha direito a viver no mundo amoroso, pois só a quem passa nos testes o Mundo Magnético confere tais graças...

Enamorados na fé

Entre os religiosos de hoje, principalmente os cristãos, a Carta Enamorados brinca com eles, fazendo-os ficarem em dúvida entre escolher os ensinamentos de doutrinas humanas (faça o que mandam suas emoções) ou os mandamentos divinos de Cristo (renuncie às suas emoções e faça o que sua consciência cristã manda). Na verdade, nem percebem a diferença entre os dois, tamanha a dificuldade para discernir suas escolhas.

Na área profissional: faço o que eu gosto, mas que não dá dinheiro, ou faço o que não gosto e fico rico!

Lado Favorável: os virtuosos interpretam como eleição, tentação, atração, luta entre amor puro e profano.

Lado Contrário: no lado inverso, como pessoa cega pela paixão, infidelidade etc.

Verbos que essa carta pode representar: amar, testar, escolher, libertar, oferecer, falhar etc.

Substantivos que essa carta pode representar: escolhas, amores, caminhos, tentações, harmonia, atração etc.

Adjetivos negativos: infiel, separado, limitado, indeciso etc.

Reflexão: pense em uns cinco momentos ENAMORADOS que você já viveu ou ainda vive, tanto nos aspectos positivos quanto nos negativos.

CARRO

Em primeiro plano, os cavalos representam os seus sentidos: olfato, tato, gustação, audição e visão. Você domina os seus sentidos ou eles o dominam?

Em segundo plano, representam os seus sentimentos e emoções. Você domina os seus sentimentos e emoções ou eles o dominam?

Em terceiro plano, representam sua razão. Você domina sua razão ou ela o domina?

Em quarto plano, representam a sua mente. Você domina sua mente ou sua mente o domina?

Em último plano, representam sua consciência.

Consciência Supina: use sua consciência ou intuição para dominar sua mente, a qual comandará sua razão que, por sua vez, regerá seus sentimentos e emoções que, assim, dominarão os seus sentidos. Ocupa o topo da pirâmide aquele cuja vida é direcionada pela intuição ou consciência. Está na base da pirâmide o escravo dos sentidos.

Esse Arcano estabelece uma hierarquia entre as pessoas. Separa crianças de adultos, perdedores de vencedores. Quem conseguir domar melhor os seus cavalos, sempre vence...

O Arcano Carro é um dos primeiros decantadores que a Sacerdotisa joga água suja em seu interior. Como o Carro o vê? Como dominante ou dominado pelos sentidos, sentimentos, emoção razão e mente. Só se vence o Carro vivendo na intuição ou consciência.

Lado Favorável: os virtuosos interpretam essa carta como, vitória, cura de doença, recuperação financeira, viagens agradáveis etc.

Lado Contrário: a paixão causa a cegueira, infidelidade, lutas, desestabilização das emoções. Apego à matéria, alcance do objetivo de forma pouco ética, derrota, má saúde, pobreza, frustração sexual.

Trilha da Vida: temos diversos exemplos de indivíduos que perdem o controle de suas emoções (seus cavalos), ou que são escravos de seus sentidos: o viciado em drogas, o guloso, o escravo e o escravizador sexual.

Exemplo de pessoas que perdem para sentimentos e emoções: aquelas que brigam em estádios de futebol, que reagem violentamente a provocações, as egoístas etc.

Pessoas que se prendem à razão: esta se baseia em experiências passadas, ficando na fronteira entre a mente (que pede para fazer) e o medo (que diz para não fazer). Aqueles que pensam demais para fazer as coisas mais simples de serem feitas e que demoram para agir. No fim, sentem medo, uma emoção negativa e não o fazem. Então a razão cedeu ao medo e nada foi feito.

Aqueles que perdem para a mente são, por exemplo, aqueles que ficam à toa em casa e começam a arranjar problemas com todos e com eles mesmos. Deixam a cabeça vazia e, então, ela passa a ser oficina do Diabo. Inventam doenças, problemas de relacionamentos etc.

Depois, ocupando a mente por meio de terapia ocupacional ou retorno ao trabalho, sentem alívio imediato. O segredo dessas pessoas é deixar a mente ocupada para não viverem problemas, pois não conseguem dominar suas próprias mentes.

Pessoas de consciência ou intuição. A intuição difere-se da razão porque essa se apega ao passado, ao caminho já conhecido. A intuição é futurista, faz leitura futura da vida e cria sempre algo inédito para o pessoal da razão bater palma depois. A intuição que criou praticamente tudo em seu universo futurista, o que existe antes de existir, como por exemplo: a rede mundial de computadores, os aplicativos etc. Tudo o que é inédito vem da intuição ou consciência, nunca da razão ou dos cavalos abaixo da sua escala.

Essas pessoas, dominadoras de seus cavalos em todos os níveis, estarão sempre felizes, estejam onde estiverem, pois encontram paz na sabedoria e no sossego dos seus cavalos. Quer saber mais sobre esse tema? Procure no nosso site por Ensinamentos de Krishna para a Era de Aquário.

Verbos que essa carta pode representar: vencer, conseguir, confiar, perder, sofrer, perder etc.

Substantivos que essa carta pode representar: sucesso, ambição, liderança, desenvolvimento etc.

Adjetivos negativos: derrotado, errado, julgado, mal gerenciado etc.

Reflexão: pense em uns cinco momentos CARRO que você já viveu ou ainda vive, tanto nos aspectos positivos quanto nos negativos. Quando sua vida está desgovernada? Em alguns momentos ou sempre? Suas emoções estão da mesma maneira?

FORÇA

Na imagem desse Arcano, temos uma mulher com um tigre branco entre as pernas. O que é o tigre branco? Por que ele representa a Força? Uma a cada 100 pessoas, aproximadamente, nasce naturalmente com a Força, e mais uma ou duas a desenvolvem. Estamos falando da Força do Homem, da Força da Mente.

Freud e a Carta Força na psicologia atual, o que seriam as guerras dos Ids?

Quem deu os primeiros passos no estudo da Força da Mente foi Sigmund Freud. O psicólogo descreveu a formação da Personalidade Humana, as quais passam pelas instâncias que ele chamou de Id, Ego e Superego.

- O Id corresponde aos nossos instintos.
- O Ego corresponde ao nosso lado racional.
- O Superego corresponde aos conceitos morais adquiridos.

Segundo Freud, essas instâncias são internas e ficam presas dentro da mente ou da cabeça de cada indivíduo.

Essa verdade é absoluta para 98% dos seres humanos, pois possuem ID PASSIVO e esses estudos a Psicologia domina. E por aqui terminam os estudos atuais da Psicologia Moderna do início do século XXI.

Mas, como estamos no tempo de libertar as minorias oprimidas, vamos ver a verdade que impera entre a minoria ignorada, os 2% de ID ATIVO.

Consciência Supina: agora, vamos além dos primeiros passos freudianos. Vamos revelar os segredos do tigre branco aos pés da mulher, o qual podemos chamar de ID ATIVO.

Aprofundamentos sobre o Id

A verdade dos 2% das pessoas que possuem ID ATIVO. Vamos falar só do ID, pois, a partir do entendimento da Lei dos 2% do ID ATIVO, entenderemos os princípios da Carta Força, ou O PRINCÍPIO DAS GUERRAS ÍDICAS. Um extra, agora dirigido aos 2% de pessoas que sabem controlar o ID ATIVO.

Como o Arcano Força o vê? Como um leão devorador ou como uma ovelha a ser devorada. Ser leão é vencer o Hierofante, o Carro e os Enamorados. Daí a Carta Força dará o direito de você ter ID ativo e destruir seus adversários de ID passivo. Então você é visto com destaque pelo Imperador, pelo Mago, pela Sacerdotisa, pelo Carro e, assim, será considerado um mestre e será odiado pelo Arcano Hierofante, que o considerará perigoso e esperto demais porque não cai na sua "conversa mole". Você terá apoio do Mundo Magnético até nessa faixa, podendo usar tanto para o bem quanto para o mal sua força. Os Atlantis chamavam esse Arcano de: Homem no topo da Força do Homem. Homem de destaque na escala da hierarquia humana.

Trilha da Vida: relatos de experiências com pessoas de Id ativo. Como perceber se uma criança tem Id ativo.

Relatos de um pai: gosto muito da minha filha de quatro anos. A gente brinca bastante e ela gosta que eu lhe faça cócegas de leve por todo o corpo, depois que pula sobre mim, quando estou deitado no sofá da sala. Uma noite estava chovendo forte com trovões muito altos. Minha filha quis dormir entre mim e minha esposa. Nossa cama é gigante, tamanho *king size* e tem espaço mais que suficiente para ela.

Quando foi lá pelas três e meia da manhã, acordei com ela fazendo cócegas em mim. Tirei a mão dela e afastei. Depois, começou a pular sobre mim. Assim que deu mais um pulo, virei para trás para falar para ela dormir!

Nessa hora, levei o maior susto da minha vida! Ela estava dormindo abraçada com a mãe. Achei tudo muito estranho, mas, como estava cansado, resolvi não pensar no assunto e voltei a dormir. Contudo fiquei intrigado com o fato: – seria aquilo um fantasma?

Relatei a minha mulher o ocorrido. E deixei novamente minha filha dormir entre nós. Tudo se repetiu. E pior, parece que aquela coisa ficou meio sem-vergonha. Eu olhando para ela dormindo e, ao mesmo tempo, sentia as mãos dela me fazendo cócegas. Não dormi a noite toda. Então ele me pergunta: — Minha filha é uma bruxa? – kkkkk – eu dei uma risada. – Daqui a pouco vamos fazer igual no universo do bruxo, Harry Potter, onde quem não tem ID ATIVO é chamado de "nascido trouxa", ou viver os tempos da inquisição e das caças às bruxas. Não podemos brincar com essas coisas... nem ter esse preconceito, nem deixar que ele volte jamais. Eu disse a ele: — Não, sua filha não é uma bruxa. Ela apenas tem ID ATIVO, o qual consegue ir além dos limites corporais e racionais dela e ir brincar com você, que tem ID PASSIVO.

Vou falar dos prós e dos contras de se ter uma criança assim: bem-educada, pode virar uma pessoa de alta performance na área em que escolher na vida. Mal-educada, pode virar um desastre, destruidora de muitas vidas. Ela é nível acima de quatro ou cinco em força Ídica. Uma potência. Se ela se deixar conduzir pelas emoções, uma tragédia; mas se for educada para seguir a intuição, o céu não será o limite. Perguntei: — Quando ela briga com alguém ou com os irmãos eles não ficam doentes?

Ele respondeu: — Ela é muito emotiva e dominante. E quando briga com outra criança, a outra criança não fica bem! Reparei nisso. Até eu fico doente, com fortes dores pelo corpo quando chamo a atenção dela. Tenho sonhos em que ela me joga coisas e me machuca, mas são muito reais, pois acordo com dores nos locais atingidos.

Como você é estudioso das verdades secretas, vou lhe dizer: — Temos que educá-la corretamente a segurar os cavalos da emoção da Carta Carro, caso contrário, ela causará muitos danos a sua saúde e de outras pessoas. E coitada da menina ou menino que ela se apaixonar no futuro! Traga ela aqui para darmos os limites ao ID ATIVO dela, que é o necessário no momento. Vamos ser padrinho e madrinha Ídicos dela.

É possível enxergarmos a imagem de um Id ativo?

Analisemos esse outro relato. No final do ano de 2012, lá pelas três horas da manhã e após voltarmos das festas, nos sentamos numa das mesas da pousada, a fim de conversarmos um pouco mais. De repente, um dos convidados me pergunta: — Você viu que naquela mesa ali no fundo está sentada uma mulher em outra dimensão? Ela fica olhando para todos... Então eu olhei para a mesa do canto e perguntei a ele: — Como você a vê? – Ele respondeu: — Uma mulher de uns 45 anos, loira, bonita, muito séria. Será que ela é um fantasma? Então eu ri. — Não, não é um fantasma. Vou te provar! – e chamei pelo garçom, perguntado como era a dona daquela pousada. Ele até acabou nos mostrando a foto dela no celular. E acrescentou que ela era muito próspera e que tinha pousadas em várias cidades históricas e todas muito bem administradas. Depois que o garçom foi embora, eu disse para o rapaz: — Essa loira que está sentada em dimensão paralela é o ID ATIVO dela. O que ele está fazendo?

Tomando conta do negócio enquanto o corpo dela está dormindo. Se, por exemplo, agora, você deixar cair um copo no chão e quebrar, amanhã cedo ela vai ligar aqui para o garçom e perguntar sobre o copo quebrado. E o ID ATIVO dela protege o local contra outros IDs ATIVOS e faz aqui funcionar muito bem. E, depois, o ID ATIVO dela vai visitar as outras pousadas dela para pôr ordem em tudo.

Ela tem um ID ATIVO EMPRESARIAL de sucesso. Agora, será que alguma herdeira dela tem esse talento, ou será uma pessoa de ID PASSIVO como 98% das pessoas o são?

E por que você consegue ver o ID ATIVO dela? Seu ID também é ATIVO. Vamos treiná-lo para ser um MEGA EMPRESÁRIO e parar de perder tempo ficando atrás de menininhas, deixar de ser um ID ATIVO SEDUTOR... pois não vira nada...

Guerra Ídica empresarial

Duas altas executivas nos confidencializaram: — Eu e minha amiga sabemos que temos forças mentais... e procuramos nos unir. Sabe que deu certo, Mestres! Quando a gente quer derrubar um diretor, basta nos reunirmos e nos concentrarmos. E, em média, dentro de 90 dias a pessoa está fora da empresa. Vou contar sobre a última vez que fizemos isso:

Trouxeram um CEO (*Chief Executive Officer*) estrangeiro para a filial do nosso país, o qual odiamos logo de cara. Eu e minha amiga nos reunimos para atacá-lo mentalmente (na verdade, IDICAMENTE). Senti que ele sabia lutar também, pois tivemos vários contra-ataques e até pesadelos. Daí sabíamos que não teria jeito de sairmos daquela guerra de energias... Resolvemos variar o ataque, partir para o mais fraco da família, a fim de atingi-lo. Sabe o que aconteceu? Ocorreu um problema sério com o pai dele lá no outro país, e ele teve que voltar para lá para resolver essas questões. Porém sabemos que ele virá com um grande contra-ataque contra a gente, porque ele sabe o que "rola" nos bastidores do mundo da "energia", sabe o que se pratica, mas não pode ser falado para "pessoas descalças". Mestres, precisamos de mais conhecimentos e proteções para essa guerra ÍDICA empresarial que iniciamos...

Força Ídica amorosa

Relato de uma estudante e praticante ÍDICA ATIVA para Análise Semiótica Aquantarista. Cedido pelo Aquantarium para o Arquivo Central do Reino das Ordens Secretas.

Estávamos ainda no início do relacionamento, fase mais kundalínica; saíamos bastante para barzinho para encontrar nossos amigos e, na volta, dormíamos na casa dele ou na minha. Lembro que às vezes estávamos dormindo e acordava porque sentia do nada uma mão acariciando minha "kundaline", buscando sexo. Nas primeiras vezes, eu o cutucava, tirava as mãos e ficava internamente brava. Uma vez, no dia seguinte, acordei enfezada, mas me segurei, e enquanto preparávamos o café da manhã, tranquila, firme e de surpresa, eu disse: — Amor, ontem acordei do nada com uma mão me tocando. Achei aquilo meio filme de terror. Você gosta de fazer sexo dormindo? E fiquei aguardando a reação dele... (dica, meninas: homem mente mal quando você pergunta algo de surpresa e fora do contexto da conversa atual).

Ele estava com uma cara de interrogação total. E me disse que havia dormido bem a noite toda e se havia me tocado sem permissão, que não era intenção e que não se lembrava de nada. Eu já tinha escola com "espertinhos" e saberia se ele estivesse me dando a volta. Não era o caso. Fiquei quieta e não toquei mais no assunto. Uns dias depois, no meio da noite, a situação voltou a acontecer e percebi que era seu "ID ATIVO" querendo tirar uma "lasquinha de mim" ... na hora bati na mão dele, aquele tapinha rápido, leve e firme, e ele acordou todo assustado. Decidi não brigar, porque era "ÍDICO" o negócio. Voltei a dormir, coloquei minha ROUPA ÍDICA de guerra e proteção, cortei a cabeça de cima e de baixo do "ID ATIVO" dele... rs. Acho que isso aconteceu mais uma ou duas noites e eu segui sacando minha ESPADA ÍDICA. Depois disso, nunca mais! Foi aí que eu aprendi que treta ÍDICA é na DIMENSÃO ÍDICA que a gente resolve, caso contrário eu poderia sofrer muito com a PERSEGUIÇÃO ÍDICA dele após terminar o namoro, como já vi em muitos casos de mulheres que não conseguem mais engravidar ou que acabam abortando por causa desse fator, ou homossexuais que desenvolvem problemas estranhos nas suas genitálias...

Para conhecer um pouco mais sobre a questão ÍDICA, entre em contato com o nosso site e cursos.

Pessoa que tem noção do seu grau de força Ídica

Perguntamos a ele: — Lá onde está, você tem a maior força Ídica. Você é como um elefante entre bois. Porém você vai lá pra Matriz, onde tem Mamutes, Tiranossauros Rex. Como você vai fazer?

A resposta dele foi brilhante: — Metres, eu não sei por que, mas sei quando alguém tem energia mais forte que a minha. Quando eu percebo que eu, um elefante em força (grau 5), estou diante de um Mamute (grau 6) ou Tiranossauro Rex (grau 7), eu me curvo, sou gentil e faço o que eles pedirem, sem pestanejar, porque sei que eles podem me destruir completamente com o poder mental deles. E percebo quando alguém com força de touro (grau 4) se curva para mim e dou até proteção a essa pessoa. Porém se um grau 4 cruzar meu caminho, destruo-o energeticamente, faço virar um pé na areia, um doidão, um maluco, pois, acabo com a vida dele e até os sem força (grau zero – corsas) podem ser mais fortes do que ele.

Comentário de um ateu: com aquele homem eu posso, porque sei que minha praga é mais forte do que a dele e eu acabo com ele. Mas com aquela mulher eu não posso. A praga dela é pior que a minha! E olha que eu tenho muito dinheiro e ela, não!

Lado Favorável: os virtuosos interpretam como a força de caráter, poder espiritual vencendo o material etc.

Lado Contrário: no sentido inverso, domínio do material e esquecimento do espiritual. Abuso de poder, carência moral. Temor da força desconhecida que a pessoa possui em si mesma.

Verbos que essa carta pode representar: julgar, poder, dominar etc.

Substantivos que essa carta pode representar: equidade, respeito, equilíbrio, honestidade etc.

Adjetivos negativos: julgamentos desequilibrados, discordante, subversivo etc.

Reflexão:
momento da Consciência Supina dessa carta.

Depois de ler essas histórias, reflita: onde eu me situo dentro delas?

Sou uma pessoa de ID PASSIVO ou de ID ATIVO?

Tanto da forma passiva, quanto da forma ativa, é possível prosseguirmos. Aliás, é muito mais difícil para quem tem alto grau de ID ATIVO prosseguir, pois está muito acostumado a ganhar tudo na forma da Carta Força, até um dia ser vencido por alguém mais forte na Carta Força..., pois essa Força um dia acaba, fica o alerta... Várias cartas podem nos ajudar a vencer essa etapa, sendo uma das principais, com uma forma mais suave de passar por essa fase, o Arcano TEMPERANÇA.

Portanto verifique se você é prisioneiro ou aprisionador desse Arcano.

Precisa se aprofundar no tema? Visite nosso site e descubra muito mais... O alerta que dou é para você não ficar encantado com o próprio poder que possui, o qual é quase infinito dentro da matéria, mas passageiro. Geralmente, os que se prendem nesse Arcano só acreditam na sua própria capacidade, na própria força, em ser mais inteligente e capaz que os outros, não acreditando nada no espiritual. Muitos são ateus bem-sucedidos. Portanto saia dessa armadilha e procure pela Temperança, porque, no final, você será ferido com o mesmo instrumento que feriu os demais. Daí será tarde demais para sair...

Cabe também a interpretação que vem em inspiração para cada pessoa, conforme se jogam as cartas...

Perguntas de leigos em questões Ídicas

Reclamações inconscientes de quem tem ID PASSIVO e leva uma surra Ídica de outra pessoa que tem ID ATIVO.

a. Toda vez que discuto com minha irmã, meu carro quebra ou perco meu namorado. Por quê?

b. Todos os que disputam promoção de cargo com aquela mulher se dão mal: ficam ruim da cabeça ou algo ruim acontece... Por quê?

c. Se aquele fazendeiro quiser comprar seu boi, ou sua caminhonete, venda sem pestanejar, porque todos os que se negam a vender têm que enterrar o boi dali a 40 dias, porque ocorre uma morte inexplicável, ou o carro funde o motor ou tem um acidente.

Respostas para essas humildes perguntas, escolhidas dentre milhões que nos chegam...

a. Sua irmã tem o ID ATIVO, enquanto você tem o ID PASSIVO. Quando ela fica brava com você, O ID dela consegue se personificar como um "fantasma" e provocar essas coisas. Você precisa aprender a se defender desse ataque Ídico básico.
b. Para disputar cargo com aquela mulher, só tendo ID ATIVO. Caso contrário, isso tudo acontece mesmo.
c. Muito cuidado com aquele fazendeiro: dos sete graus da força de um ID ATIVO, ele ocupa o 4 ou 5. Pode até matar.

Portanto agora dá para entender por que uma pessoa na carta Força praticamente DEITA E ROLA em cima dos outros pobres 98% das pessoas que são totalmente inocentes no campo ÍDICO.

ERMITÃO

Geralmente são as pessoas que se trancam em seus mundos e não acreditam mais em nada, pois já têm opinião formada sobre tudo e todos.

Consciência Supina: o Ermitão ou Eremita é a fase da Iluminação Interna, do conhecer-se a si mesmo, do recolher-se em seu interior em isolamento. Depois que já passou pelo primeiro ciclo de testes que foram proporcionados pelo Arcano Sacerdotisa, a pessoa passa a ouvir a voz interior, virando o Ermitão. O problema dessa carta é que o indivíduo alcançou uma iluminação que é mínima, mas a considera o máximo. Ele vira uma pessoa boa, uma boa conselheira, pois é alguém que se elevou acima dos desejos e das emoções.

Não pode ser confundido com o Hierofante, o qual conduz a massa. O Eremita é mais isolado, como um monge.

É conhecedor da Iluminação Interna, mas ainda longe de conhecer a Iluminação Externa, que veremos melhor no Arcano Sol.

Como todos os Arcanos, possui um lado bom e um lado ruim.

Qual nosso bom momento Ermitão de todos os dias? Quando dormimos e estamos descansando dentro do nosso universo individual.

Parábola Supina:
a verdade da semente x a verdade da árvore

Imagine uma semente de milho. Ela acredita que sua verdade – e essência – é ser somente uma semente de milho e defende ativamente todos os valores de uma semente e não percebe que essa sua verdade, essa sua essência, embora profunda, é transitória e que, assim que cair na terra e brotar, todo seu ativismo de semente irá por água abaixo, pois a verdade e a essência do "broto de milho" serão seu novo ser, sua nova verdade...

Então ela defenderá sua filosofia: "agora me encontrei, não sou mais uma semente, sou um broto". E proclama para as pobres sementes, "a verdade absoluta é nos tornarmos brotos". Porém esse pensamento não é aceito pelas sementes radicais que agora ocupam sua posição anterior. O tempo passa. Ela vira uma planta completa. Encantada por si mesma, agora decreta: na verdade, sou uma planta, não uma semente, e entra em altos debates polêmicos contra brotos e sementes.

Diz para a semente: um dia você virará uma planta! Mas a semente rebate: "Não, você se tornou uma planta porque se corrompeu com a terra ou foi corrompida pela chuva que destruiu sua essência de semente!". O novo broto vai defendendo sua essência fervorosamente contra a planta e a semente...

Assim é o Ermitão. Sempre fechado, defendendo suas verdades como absolutas que, na realidade, não deixam de ser verdades, mas verdades transitórias...

Como o Ermitão o vê? Ele o vê como uma semente com garras que se prende no primeiro conhecimento que consegue ter.

Tem que aprender a evoluir, não se fechar a conhecimentos espirituais já adquiridos, você precisa buscar ensinamentos mais elevados que os seus e, mesmo os encontrando, deve ir evoluindo dentro deles. Nunca pare de aprender, ou melhor, não acredite que você já sabe tudo.

Lado Favorável: paciência diante de pequenos obstáculos, porém cautela, pois isso pode gerar lentidão para atingir os objetivos.

Lado Contrário: negacionismo para ouvir a sabedoria, comportamentos imaturos que provocam conselhos inadequados. Medo de envelhecer.

Trilha da Vida: onde erram as pessoas nesse Arcano Ermitão? Elas não entendem que as verdades e as essências evoluem. Reverberam a eterna pergunta: quem eu sou? E respondem essa pergunta defendendo verdades e essências transitórias como se fossem permanentes...

Precisam entender que essa pergunta está errada. Essa pergunta é para pessoas sementes ou brotos... A grande pergunta é: "Quem eu serei?", ou "Quem eu me tornarei"?

Porque quem pergunta: "quem eu sou?", na verdade, não passa de um broto ou de uma semente... de uma mente criança ou adolescente, de um ser que concorda em ter somente Iluminação Interna e desconhece a Iluminação Externa.

Diferença entre espiritualistas Ermitões e espiritualistas livres do Ermitão e que conseguiram chegar ao final do primeiro ciclo, na Carta Mundo.

Os Ermitões da espiritualidade acreditam que são UM CORPO QUE POSSUI ALMA e brigam pelos valores corporais, caindo nas armadilhas da divisão material provocada pelo Arcano Lua, potencializado pelo Hierofante, que divide e joga as pessoas umas contra as outras...

Os Sábios acreditam: sou UMA ALMA QUE POSSUI UM CORPO. E não caem na armadilha do Arcano Lua combinado com o Hierofante. Não defendem nenhuma ideologia humana, não defendem o feminismo, porque sabem que nascerão homens na próxima vida e terão que engolir tudo o que disseram; não são machistas porque sabem que nascerão mulheres e sofrerão as consequências do que disseram... não serão contra estrangeiros porque nascerão estrangeiros na próxima vida... Essa é a sabedoria que falta ao Ermitão... Não condenam nenhuma raça, porque nascerão nela na próxima vida... pois os corpos são roupas descartáveis e não devemos julgar as almas pelos corpos descartáveis que vestem...

Verbos que essa carta pode representar: considerar, observar, silenciar, negar etc.

Substantivos que essa carta pode representar: prudência, lentidão, busca, autodescoberta etc.

Adjetivos negativos: introvertido, obscurantista, medroso, teimoso etc.

Reflexão: pense em sua vida. Você se encontra como um Ermitão? Quais verdades você defende? Ao que você está preso? Verifique tanto os aspectos positivos quanto os negativos de se estar nessa carta.

RODA DA FORTUNA

Depois de passarmos em alguns testes, a Roda da Fortuna, a sorte nos toca. CONSCIÊNCIA SUPINA: representa o primeiro teste de caminhos abertos que teremos em nossas vidas. O Arcano Sacerdotisa estará de olho nos nossos sentimentos internos, já o Arcano Mago, na maneira como lidamos com o mundo externo.

Se ficarmos arrogantes, desagradaremos a Sacerdotisa, ela pedirá ao Mago que jogue de imediato na nossa vida e de maneira desfavorável, a carta seguinte, a da Justiça, que logo acabará com nossa alegria.

Se nos mantivermos equilibrados, a Sacerdotisa pedirá ao Mago que também jogue a Justiça em nossas vidas, só que seu lado bom e a Roda da Fortuna permanecerão por mais tempo favorável em nosso caminho. Vamos verificar isso no estudo do Arcano seguinte. Porém o Mago só confirmará o pedido da Sacerdotisa se você também passar nos seus testes externos.

O Mago olhará como nos comportaremos em diversas situações e, principalmente, se temos o dom da riqueza e o dom da pobreza em nossa essência. Se gastarmos tudo com prazeres e esbanjarmos dinheiro, o Magnético considerará que somos apenas "pobres com dinheiro", pois não sabemos lidar com essa energia da Fortuna e recomendará ao Arcano Justiça que nos condene à pobreza de uns três a sete anos até termos chance de um novo teste da Fortuna.

Se mostrarmos sabedoria com o dinheiro, o Mago deixará a Roda da Fortuna girar de forma indeterminada em nossa vida e daí teremos de três a sete anos de sorte iniciais.

A mulher atrás da roda é Nêmesis, a qual testa todas as pessoas.

Como a Roda da Fortuna o vê? Como chegada a hora do teste do muito. Aliás, o teste do muito é mais difícil do que o teste do pouco para grande parte das pessoas, por isso temos um ditado popular verdadeiro: você quer saber quem é realmente a pessoa? Dê dinheiro e poder a ela! – e é justamente isso que esse Arcano proporciona a você – esse terrível teste... Sua abertura de caminho virá e como você lidará com tal situação será avaliado. Arrogância e insolência poderão derrubá-lo. Os Atlantis chamavam esse Arcano de teste da Deusa da Fartura.

Lado Favorável: sorte, para melhor, evolução favorável com um novo ciclo de vida.

Lado Contrário: medo do crescimento que pode ocasionar fracasso, altos e baixos nos aspectos financeiros.

Trilha da Vida: conhecido como o primeiro passo além do Métron.

Verbos que essa carta pode representar: mudar, vencer, encontrar, transformar etc.

Substantivos que essa carta pode representar: sucesso, cautela, ciclos, mudanças, fortuna etc.

Adjetivos negativos: fatalista, confuso, inconcluso etc.

Reflexão: pense em sua vida. Você se encontra na RODA DA FORTUNA ou está em busca dela? Quais passos você precisa seguir para atingir essa energia da Fortuna? Onde você está errando e, assim, está sendo condenado pelo Arcano Justiça?

JUSTIÇA

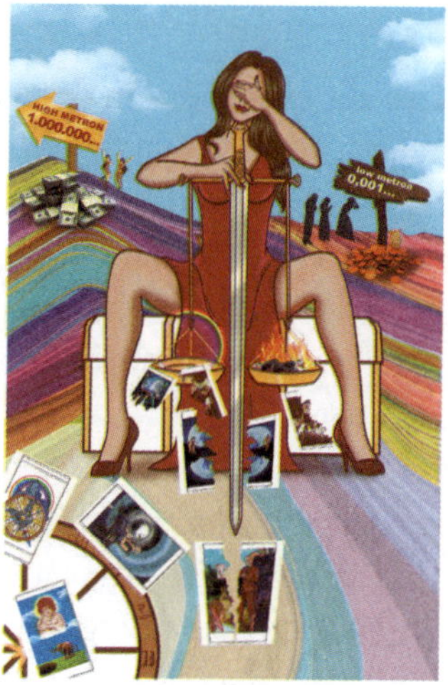

Carta que chamamos de fiscal da sua sorte, do seu sucesso.

Consciência Supina: a Justiça irá julgar se você continuar com a sorte vinda da Roda da Fortuna, ou não. Irá medir seu Métron, ou seja, a quantidade de dinheiro, de amor, saúde, entre outros, que você tem direito. Ela vai medir seu Métron e, de acordo com ele, julgar se você é da casa do bilhão, do milhão ou da casa do milhar.

Como o Arcano Justiça enxerga a você? Como alguém que pode mudar seu destino para melhor ou não. Os Atlantis chamavam esse Arcano de Medidor do Métron de cada pessoa.

Lado Favorável: o equilíbrio e a ponderação, somados à imparcialidade, são um bom caminho para o sucesso.

Lado Contrário: cuidado ao julgar os outros, pois você pode cometer injustiças e colher ingratidão.

Trilha da Vida: faixa de vibração, você é lembrado no milhão ou no milhar? Você nunca ouviu falar desse conceito, mas vai entender de imediato.

Conceito Supino da experiência do Arcano Justiça em você mesmo

Agora você está numa situação que precisa de um advogado para processar alguém para receber uma pequena quantia. Algo na casa do mil (milhar). Imagina o advogado que você irá contratar, ou lembre de alguns conhecidos para essa pequena causa.

Imagine em outro momento que você tem uma verdadeira fortuna para receber, algo na casa do milhão (uma fortuna), e igualmente precisa de um grande advogado para ingressar na justiça. Imagina a imagem desse advogado a ser contratado.

Por que a imagem do advogado que serve para receber o milhar não serve para receber o milhão?

Vejamos um outro exemplo, você quer comprar um pequeno terreno, barato. Imagine a imagem do corretor. Agora, você quer comprar o imóvel mais caro da cidade, além da casa dos milhões. Então pergunto a você: por que os corretores são diferentes? Porque o que é lembrado na pequena casa (do pouco dinheiro) não é lembrado na casa alta (do muito dinheiro). Isso se chama "FAIXA DE VIBRAÇÃO". Então você entende por que certos figurinistas cobram milhões nos seus vestidos, enquanto a costureira da esquina não pode cobrar mais que uma miséria para lhe fazer uma roupa. Dá para entender por que aquele pintor cobra milhões por uma tela, enquanto outros não podem cobrar além do milhar... Vamos aproximar mais da sua realidade esse conceito derivado do Arcano Justiça: seu pai, na profissão dele, caso autônomo, era lembrado em qual dessas casas? E você, na sua profissão, é lembrado em qual casa? E seus parentes? Existem arquitetos dos milhões e arquitetos dos milhares, repórteres, médicos, professores, filósofos etc. Quem olha para você o avalia na casa do milhão ou na casa do milhar? E quem determina tudo isso é o Arcano Justiça, por meio da Lei do Métron.

Métron é a quantia estipulada já no nosso nascimento para amor, saúde, negócios, amizades, inteligência, entendimento etc. Tem gente que nasce na casa do milhão, tem gente que nasce na casa do milhar. Um teste rápido sobre a Lei do Métron. Regra de sociedade métrica.

Três pessoas de Métrons diferentes se tornam sócias em uma empresa. O primeiro nasceu com Métron de milhão (cem milhões de dólares), portanto, significa que a Roda da Fortuna pode girar tranquilamente nessa casa, sem precisar da intervenção do Arcano Justiça. Já o segundo nasceu com Métron de um milhão de dólares. O terceiro nasceu com Métron de 500 mil dólares.

Questão prática da vida de todos: quanto vai faturar a empresa pela Lei do Métron, pela Lei da Justiça?

Pela Lei do Métron, vai faturar 500 mil dólares, pois, a partir dessa quantia, a empresa é julgada pelo Arcano Justiça e tudo será travado por "Falta de Métron" do terceiro sócio.

E como resolver tal problema? Simples, passando pelo famoso "Teste do Beatles". Nos anos 1960, formou-se em Liverpool, uma das maiores bandas de *rock* de todos os tempos: The Beatles. Porém para os estudantes dessa lei é ensinado como eles passaram no teste.

Havia entre eles três jovens com Métron de brilho mundial: John Lennon, George Harrison e Paul McCartney. Porém o antigo baterista não tinha essa medida para brilhar e, pelas Leis do Métron, o Arcano Justiça não os deixava decolar. E como conseguiram decolar? Simples, trocando Pete Best por Ringo Star, igualmente com Métron mundial. Muitas empresas ou conjuntos musicais deixam de fazer sucesso por esse fator. E poucos seguem adiante porque sabem trocar seus bateristas.

Quer saber mais? Consulte nosso site... e aguarde a publicação do LIVRO DO MÉTRON.

Como aumentar meu Métron? Como aumentar minha faixa de vibração? Por que os produtos da minha empresa não conseguem ser vendidos por preços altos? São questões que envolvem Métron e Faixa de Vibração. Para a melhor Consciência Supina desse Arcano, reflita consigo mesmo: qual meu Métron? Qual minha faixa de vibração?

Encontrando essa verdade, fica mais fácil prosseguir no andamento das cartas...

Verbos que essa carta pode representar: julgar, equilibrar, ordenar, organizar etc.

Substantivos que essa carta pode representar: equilíbrio, harmonia, cautela, decisão etc.

Adjetivos negativos: injusto, descuidado, ingrato etc.

Reflexão: pense em uns cinco momentos JUSTIÇA que você já viveu ou ainda vive, tanto nos aspectos positivos quanto nos negativos.

Assista ao vídeo sobre o Métron. Acesse-o pelo QR Code a seguir. Aponte a câmera do seu celular para ele, ou visite o endereço: https://youtu.be/tbXbpu2syHY

ENFORCADO

O Arcano Enforcado é a carta que revela que precisamos vencer a nossa própria natureza.

Consciência Supina: como vencer seu lado criança para tornar-se uma pessoa madura. Também podemos chamar de carta de mudança de valor interno. Como exemplo, temos o fato de a mulher ciumenta deixar seu marido ir trabalhar sozinho por algum tempo fora, ou vice-versa. Isso desenforcará a pessoa que se livrará do mal dos ciúmes, pois, nesse caso, o Arcano Sacerdotisa considera que, continuando ciumenta, não cresceu internamente, consequentemente a pessoa não merece aquele crescimento externo. Muitas vezes alertamos: você já teve três crescimentos externos de Métron, mas nenhum interno. Para crescer mais, ou manter o já conquistado, você precisa mudar valores internos com relação a trabalho: aprender a chegar mais cedo e sair mais tarde (contrariando sua natureza), trabalhar com amor e se afastar daqueles que trabalham com ódio e rancor, mas sendo politicamente correto e sem se desentender com eles.

Muitas pessoas se perguntam: por que eu não chego lá? Porque você ainda é o mesmo. Internamente, você precisa mudar seu VESPA (seu Ver, Escutar, Sentir, Pensar e Agir) sobre muitos pontos em sua vida. Geralmente as pessoas chegam enforcadas por não terem passado no teste do amor, no teste dos Enamorados, ou porque cometeram abusos na Roda da Fortuna e foram esmagadas pelo Arcano Justiça...

São formas de nos libertarmos do Arcano Enforcado: ao aprender a aceitar o não ou o fora da namorada (paixão) e não ficar mentalizando se casar com ela (que lhe rouba a sorte), e ter a sabedoria de escolher a mulher que lhe dá sorte e aprender a amá-la – já que somos programados para nos apaixonar pela pessoa errada; aprender a namorar homem de bem (da consciência) e parar de ser mulher de malandro que só faz você sofrer, aprender a hora de jogar para brincar e a hora de jogar para ganhar e não querer somente jogar para ganhar. Viram como é difícil o teste do Enforcado? Viram que é um teste de mudança interior de valores?

Como o Enforcado vê você? Como um ser da base que tentou subir sem conhecimento na escala do Tarô e acabou caindo. Alguém que apanha das emoções e que procura vencer na intuição: vamos dar uma DICA DE OURO para os que estão enforcados.

A dica de ouro é a seguinte, não tente vencer sua mente batendo e brigando de frente com ela. Se você fizer isso, você usará das armas que a própria mente dá. A mente domina a gente usando de suas razões. Daí você cai no erro de querer vencer a razão usando uma contrarrazão. Mas está usando das armas de seu adversário, jogando dentro das regras dele. Silencie a mente e alcance a intuição. Estude o Arcano Temperança, busque viver a Consciência Supina dele! A intuição vence a razão. Por isso que vamos praticar a Ioga Supina

Aquantarista e fazer com que as pessoas atinjam esse estado intuitivo/consciencial. A intuição vai mostrar a forma correta de se fazer tudo na vida...

Lado Favorável: desenvolvimento do seu interior, transformação interna.

Lado Contrário: arrogância, dificuldade de romper com o passado e egoísmo.

Trilha da Vida: vamos montar uma história usando a Consciência Supina das cartas...

Exemplo de mulher enforcada no amor. Aos 19 anos, descobriu que foi traída pela pessoa que amava. Ficou enforcada, sem ter nenhum tipo de relacionamento com ninguém até seus 30 anos de idade, quando conseguiu se desenforcar e seguir sua vida. Como analisar pela Consciência Supina essa passagem?

Como era o primeiro namoro, ela estava na carta Louco, namorava (Carta Enamorados) e foi traída (Carta Diabo). Resultado: acabou se fechando no lado invertido da Carta Ermitão (fechou-se ao amor), que com o tempo foi se tornando a Carta Morte para o amor, tombando ao final no Arcano Enforcado (no campo amoroso). Mas sua vida profissional seguiu de vento em popa com os Arcanos Estrela e Roda da Fortuna.

E como ela conseguiu se desenforcar no amor? Com a ajuda dos presentes estudos (pela Carta Mago), conseguiu se desenforcar (libertação interna), passando pelo lado bom da Morte (mudança de atitude), dominar a Carta Carro (sua vida andou), até atingir a Roda da Fortuna (no namoro) e ter relação amorosa estável, tendo a seu favor as cartas Imperatriz e Temperança, passando a dominar sua vida amorosa... Agora ponha essas cartas lado a lado, observe-as e procure aprofundar sua Consciência Supina de cada uma delas...

Verbos que essa carta pode representar: buscar, desapegar, iluminar, agir etc.

Substantivos que essa carta pode representar: altruísmo, busca interior, idealismo, sacrifício etc.

Adjetivos negativos: preso, estagnado, penitente etc.

Reflexão: pense em uns cinco momentos ENFORCADO que você já viveu ou ainda vive tanto nos aspectos positivos quanto nos negativos.

Passatempo Supínico: monte sua própria história de amor com os Arcanos Maiores e tome Consciência Supina de como anda sua vida amorosa...

MORTE

Morte ou Transformação, podemos entender como a quebra de um ciclo menor e início de outro ciclo ainda maior. No amor, fim de um namoro e começo de outro, nos negócios, idem.

Consciência Supina: na verdade, é a carta das mudanças externas, do sacrifício externo, do desapego de valores antigos. No lado espiritual, portanto, significa a Morte de todos os valores internos e externos aprendidos e ensinados pelo Hierofante, o domínio das trevas internas, o não ficar preso somente na voz interior quando na passagem do Arcano Eremita.

Existem dois tipos de mortes. A boa e a ruim. Morte significa fim de um período, que pode ser bom ou ruim. Quando você é demitido do emprego, ocorreu sua Morte naquela empresa.

Como o Arcano Morte o vê? Ele quer ver se você se levantar rápido após cada queda. Se cair e ficar deitado, conhecerá o lado ruim desse Arcano. Caso você se levante rapidamente sem resmungar, conhecerá o lado bom e favorável dessa carta.

Lado Favorável: desenvolvimento do seu interior, transformação interna.

Lado Contrário: arrogância, dificuldade de romper com o passado e egoísmo.

Trilha da Vida: COMO USAR A CARTA MORTE A SEU FAVOR E SE LIBERTAR DE UMA ESCRAVIDÃO. A Morte é um ponto-final. Muitas pessoas não sabem lidar com ela, principalmente as vítimas do amor, as pessoas de ID PASSIVO (veja Arcano Força) que foram escravizadas sexualmente por outra pessoa de ID ATIVO.

A ID PASSIVO quer terminar a relação, mas o Arcano Força com o ID ATIVO não deixa e procura manter a porta aberta para voltar e acabar com a vida da PASSIVA, quando bem entender.

O ID PASSIVO não sabe dar um ponto-final, se vale da Carta Morte para pôr um fim àquela tragédia amorosa e fica preso numa relação, na Carta Enforcado, numa relação abusiva.

Então aconselhamos, você precisa parar de pôr ponto e vírgula nessa relação. Precisa dar um ponto-final, jogar a Carta Morte a seu favor. Só quem domina os conceitos da Carta Carro corretamente sabe usar a Carta Morte a seu favor, pois usa da consciência para atropelar a emoção negativa (medo de magoar – um sentimento "*fake*" divulgado pelo Arcano Hierofante, que prende os ID PASSIVOS), e da qual se valem os ID ATIVOS, que deitam e rolam, abusam o quanto querem daqueles que não possuem autodefesa emotiva.

Verbos que essa carta pode representar: desapegar, sofrer, transformar etc.

Substantivos que essa carta pode representar: mudança, transformação etc.

Adjetivos negativos: despedido, perdido etc.

Reflexão: pense em uns cinco momentos MORTE que você já viveu ou ainda vive, tanto nos aspectos positivos quanto nos negativos.

TEMPERANÇA

Considerada a carta do Arcano do momento (também chamado de adaptação), que nos traz energias positivas de equilíbrio, paz em determinados momentos de nossa vida.

Consciência Supina: nesses dias que vale a máxima "não é o mais forte que sobrevive, mas, sim, quem mais se adapta". Não bastasse tudo isso, a volta da Peste, em 2020, agora chamada de coronavírus ou Covid-19, além de drástica mudança de realidades, extinções de profissões antigas e surgimento de profissões modernas e algumas até descartáveis, devido à curta duração de existência dessas próprias atividades, o computador competindo com colaborador, mudança geral de conceitos e valores, pessoas tendo que reinventar as profissões. Só terá sucesso na travessia desse momento quem melhor souber lidar com o Arcano Temperança.

O Arcano Temperança é o que nos possibilita fazer de tudo, desde que dentro do equilíbrio. Você pode beber, mas de forma moderada, sem se embriagar, pode comer de tudo, desde que com parcimônia. A Temperança é uma maturidade que faz com que a pessoa conheça os seus limites, os limites de toda uma situação, os limites dos demais.

Lado Favorável: harmonia com os demais, colaboração e cooperação entre os demais. Paz interior.

Lado Contrário: presença de conflito de interesses, falta de tranquilidade, desagregar um grupo.

Trilha da Vida: dentre milhares de histórias que se encaixariam muito bem, vamos escolher uma que lembra os grandes romances, clássicos da literatura.

Eu estava em pleno sertão brasileiro, em um evento do Reino das Ordens. Estava dando um *workshop* sobre ética de vidência... Então me alertaram: vamos trazer um caso muito grave para você atender. Depois que ficou grávida, ela tentou suicídio por duas vezes, tentou abortar várias vezes, não fala com ninguém, só solta uns gemidos e precisa ficar três pessoas ao redor para não cometer besteira. É possessão demoníaca muito séria...

Já levaram para os maiores paranormais de todo o país para tentar solucionar o caso. Todos que viram saíram fora! Outro detalhe: o marido é um "coroné" (regionalismo de coronel, pessoa de poder regional) muito velho, e como é o último da sua geração, só anda armado, e anda com muitos jagunços. E é ateu. Mas devido ao fato de a sua jovem mulher, cinquenta anos mais nova, estar nessa situação, está aceitando qualquer solução! Vamos logo avisando, ele faz muitos dançarem enquanto atira nos pés, igual aos antigos filmes de bangue-bangue à italiana.

Então trouxeram a mulher para o espetáculo final! As centenas de pessoas congressistas ali presentes, das mais variadas Ordens Filiadas ao Reino, todas pararam para ver o que iria acontecer.

O marido entrou com sua arma, destacando-se pela reluzência niquelada, acompanhado de seus jagunços. Situação altamente intimidante. Eu me senti no universo de Guimarães Rosa, na sua obra-prima *Grande Sertão: Veredas*, mesclado com o universo de Jorge Amado, no romance *Gabriela, cravo e canela*, clássicos desses grandes escritores brasileiros, que fiz análise semiótica na universidade Estadual Paulista, UNESP.

Haviam posto duas cadeiras diante de mim. Ele me cumprimentou, sentou-se na cadeira e disse: — Eu vim de muito longe para ver o que está acontecendo com minha "muié"! Sou ateu, mas aqui estou por causa da doença dela! Vou ficar aqui de perto acompanhando tudo. Já a levei para tudo quanto é "benzedô", padre, pai de santo, pastor, espírita, mas ninguém quis falar nada. Só disseram que esse problema teria que ser resolvido por outro tipo de "mediunidade", "paranormalidade", "casa de exorcista" etc. Teve um mestre espanhol que até saiu correndo...

Eu era muito jovem na época e, como já disse, junto com mais três pessoas (cada uma de uma ordem diferente), estava dando aulas práticas de vidência para dezenas de paranormais ali presentes. Então vi que a coisa era séria.

Hora que três mulheres vieram trazendo a "possuída", de longe vi que o problema não era "possessão demoníaca" (esse problema existe, sim – mas não se aplicava naquele caso). O caso dela daria um grande drama nas mãos desses romancistas, pois envolvia uma situação inusitada e inesperada para uma esposa de "coroné".

O caso dela era do Arcano dos Enamorados, misturada com o Diabo, estando ela no Enforcado (não podemos confundir com o Oito de Espadas). O "coroné" estava pronto para executar seu papel de lado invertido do Arcano Justiça.

Vi que ela estava sendo atormentada por uma guerra Ídica, travada entre o ID do marido (muitos ateus são ID ativos) e o ID do amante. Ambos disputavam a paternidade da criança...

O marido, um velho coronel, de linhagem genética recessiva, enquanto o amante (Cavaleiro de Copas) era de linhagem genética dominante.

Por que ela estava enlouquecendo? Porque se o filho fosse do amante, não teria como dizer que era do marido, posto a genética ser totalmente inversa. Por isso que ela queria se matar antes que ele a matasse e executasse toda a família dela junto, como costume dos antigos coronéis. E é lógico que muitos videntes viram essa situação e pularam fora dizendo que a solução não era com eles. Um problema desse não pode ser revelado na frente de um matador, de um Rei de Espadas – "coroné" – regional! Senão sobra tiro para todo lado, e um até para você, que está lendo este texto, pois sei que na filosofia (hoje talvez: ideologia) de um "coroné", a honra se lava com sangue. E muito sangue tem que jorrar além do da esposa, amante, de quem falou, de quem viu ou até desconfiou. Mas minha missão, naquele momento, era salvar a vida do feto (de seis meses), da mãe e toda sua família, do amante, dos paranormais ali presentes, do amante e até a minha...

E então me vali do Arcano Temperança. Eu tinha que dar um jeito de falar tudo para ela, na frente dele, mas sem que ele, o ateu, entendesse nada... algo como no conto *Famigerado* de Guimarães Rosa. Perguntei às acompanhantes que estavam em pé atrás da possuída. — O marido, eu sei que é ateu. Qual a religião dela? – Disseram: — Católica e Espírita. Como eu sei falar a linguagem dos católicos e dos espíritas, ficou mais fácil. Também não tenho problemas em falar a linguagem dos ateus, pois fui criado para ser um deles, aliás, sou PhD em ateísmo.

E se fez um silêncio geral para ouvir minha fala. Alguns videntes, que tiveram a mesma leitura que eu, só se cutucando com ar de extrema preocupação para ver como eu iria me sair dessa! Talvez tenham achado que eu iria seguir a mesma receita dos outros videntes e fugir da raia... Aquela situação estava do jeito que eu sempre gostei: muita pressão, perigo de vida e sem poder cometer nenhum erro. É nessa hora que eu fico mais calmo e inspirado, e que baixa em mim o Arcano Temperança.

Então eu olhei para aquela menina, mas ela não me retribuía o olhar. Pus a minha mão direita na cabeça dela e lhe disse: — Eu entendo o que está acontecendo com você. Sei que está preocupada com essa criança que vai nascer. Se vai ter problema com ela, se vai ser normal, saudável, trazer alegria para a família...

Ela ergueu a cabeça e começou a me olhar nos olhos, pedindo socorro! Então aliviei a terrível dor daquela menina com as seguintes palavras: — Fica tranquila, pare de sofrer! Fica alegre porque a criança vai ser normal, É DA MESMA FAMÍLIA ESPIRITUAL do seu marido que está aí ao seu lado. Esse menino que vai nascer é reencarnação do avô paterno dele. Vai se parecer muito com seu marido, até a mesma pinta nas costas vai ter... Nesse instante, ela deu um grande suspiro de alívio e começou a chorar! Era um choro alto! Soluços de alegria, felicidade e libertação, pegando minha mão direita e a apertando entre seu nariz e sua testa.

Para agradar o ateu, que só se contentaria com alguma gestualidade ritualística, pedi para trazerem sal grosso e mais algumas ervas, enquanto ela banhava minha mão direita em lágrimas. Já mais aliviada, agora só suspirando, ela me falou: — Obrigada, mestre! Você tirou todo o mal que estava em mim! Estou me sentindo curada!

Depois de falar na linguagem espírita, agora faltava um pouco de catolicismo. Então me lembrei que passagem semelhante foi vivida por Cristo, o Rei dos Reis, o Mestre dos Mestres, Filho Único de Deus encarnado na Terra, e que ela saberia ler nas entrelinhas. Então lhe disse: — Vá e não peque mais! (João 8:11). Ela olhou com toda sinceridade e disse: — Eu juro, mestre. Nesse pecado não caio mais...

Rio de Janeiro: entre as nuvens, com o Cristo Redentor, onde as Chaves Supinas da Temperança nos foram entregues. A mais profunda e elevada espiritualmente das missões...

Como o Arcano Temperança vê você? Como uma ovelha desgarrada, mas que, se voltar, terá a melhor das recepções...

CONTINUAÇÃO DA NOSSA HISTÓRIA:

O "coroné" ficou muito contente com a cura da esposa. Mandou matar umas novilhas para fazer uma grande festa e fez a maior doação que o Reino das Ordens já recebeu até hoje.

Mais para frente ficou confirmado que foi tudo conforme anunciado. Enquanto o "coroné" foi vivo, me mandava belíssimos presentes todos os anos... E esse exemplo uso até hoje no curso de Ética de Vidência.

Verbos que essa carta pode representar: olhar, coincidir, conciliar, perseverar etc.

Substantivos que essa carta pode representar: conciliação, perseverança, trégua, proteção etc.

Adjetivos negativos: lento, embaraçoso, conflituoso etc.

Reflexão: pense em uns cinco momentos TEMPERANÇA que você já viveu ou ainda vive, tanto nos aspectos positivos quanto nos negativos. Será que você ainda não conseguiu atingir seu Arcano Temperança em nenhuma fase de sua vida? Reflita sobre o que pode estar faltando, quais erros você tem cometido. Aprofunde-se em estudos no nosso site ou converse com um de nossos atendentes da Ordem Secreta.

DIABO

Carta das tentações ou desvios das metas. Na verdade, o lugar dessa carta não somente é aqui, como todas as demais que podem ser variáveis as posições, dependendo de quem seja a pessoa analisada (essa carta é mais móvel que as outras), o lugar para onde ela mais costuma se deslocar é depois da Roda da Fortuna, próxima da Carta Justiça.

Consciência Supina: nós somos apenas uma semente de um ser em construção! O Arcano Diabo é aquele que testa você para fazer sair o lado contrário de todas as cartas. O Diabo chega para aqueles que menos o esperam. É como o ladrão que chega sem avisar, sempre na hora inesperada...

Por causa de interferências, foi colocada aqui na maioria dos tarôs atuais. Sorte que os virtuosos não se enganam com a interpretação nessa casa e atendem muito bem às necessidades dos consulentes. Devemos entender que se trata do Bode, da força externa que vem nos testar. O bode representa tudo de ruim que vem a acontecer, ele atua desde os negócios, saúde, obsessão e até no amor, escravizando as pessoas.

Como o Arcano Diabo o vê? Ele quer ver se você cai em tentação (palavra que o Hierofante tirou atualmente do vocabulário dos jovens, pois confundem experienciar com cair em tentação), ou não. Há experiências que não têm volta, conforme já comentamos no Arcano Mago, que considerará o jogo iniciado, e você terá que cumprir o destino das cartas que ele jogar. Resumindo: o Diabo testa se você entra ou não numa cilada.

Caindo, terá que se livrar do mal... Amém. Dica de Ouro: seja uma árvore que produz frutos e conscientize os jovens quanto à tentação e suas consequências... Veja Arcano Julgamento e como a sorte toca os que não são neutros e também uma história do Diabo nos negócios.

Lado Favorável: moderação, adaptação, boa administração e harmonia com os demais. Paz interior e o que imaginar irá acontecer.

Lado Contrário: conflito de interesses, agressões, corrupção, depressão, sofrimento, desarmonia espiritual.

Trilha da Vida: querem entender como todos nós nos deparamos com o Arcano Diabo no decorrer da nossa vida? Então vamos direto ao ponto! Prestem atenção nesse fato verídico...

Quando o próprio Diabo encarnado pede ajuda

Ele apareceu acompanhado de uma bela mulher que era casada. Ambos participavam dos cursos secretos lá da Ordem, onde os estudos eram profundos e cada um saía sabendo da sua essência, da sua verdade, tendo Consciência Supina do momento em que viviam, mas de si mesmos. Então ele falou: — Eu sei que sou um Diabo encarnado. Como eu faço para sair com ela e não acabar com a sorte dela, como acontece com todas as outras mulheres que eu saio?

Ela estava junto e queria a resposta ou alguma fórmula para conseguir o intento, acrescentando: — Eu só queria sair umas duas vezes com ele, só isso. Não acabar com o meu casamento!

Eu respondi a eles: — Vocês são conhecedores dos segredos profundos que ensinamos aqui na Ordem! – E depois especificamente a ela: — Você sabe das consequências de sair com ele. Vai roubar toda a tua sorte, a do teu marido, filho etc. Nessas condições, não tem jeito. O certo é vocês se afastarem.

Dei receitas de como se valerem da Temperança para se livrarem daquele duro teste, e ambos saíram desapontados com o meu parecer... Passado algum tempo, ambos chegam desesperados, e ela reclamando:

— Mestre, nós saímos três vezes e três coisas muito ruins aconteceram! Na primeira vez que saímos, no outro dia, meu marido foi demitido. Na segunda, eu bati meu carro, meu marido bateu o carro dele, também, e meu filho se machucou na escola. Na terceira vez que saímos, eu perdi o emprego, meu marido teve surto psicótico, meu filho quis parar de estudar e, agora, meu útero está apresentando problemas de saúde.

Então eu respondi: — Mas vocês foram avisados, por que saíram? – A mulher comentou: — Ele disse que teve sua autorização, mestre, de que poderíamos sair na lua x... e eu acreditei...

Então olhei para ele, que logo esclareceu: — Sabe como é, né, mestre! Ela é muito linda, eu não poderia deixar essa história passar em branco. Menti para ela. Enganei mesmo! E disse a ela que vocês tinham me dado uma receita mágica... Daí deu no que deu... Minha saga se repete. Destruo todas as mulheres que saio...O problema foi ter adquirido consciência de quem eu realmente sou! Mas eu queria que fosse diferente dessa vez!

Resumindo a história, demos a solução. Eu falei: — Vocês saíram três vezes e três coisas ruins aconteceram. Se saírem por sete vezes, aí, sim, não haverá mais solução nesta vida. Seu útero será arrancado cirurgicamente, seu marido vai ficar anos e anos desempregado e você também (ficará presa no Arcano

Enforcado – porque o Diabo irá embora para destruir outra), e seu filho sofrerá as consequências (porque para o filho ela tem a força do Arcano Imperatriz – e nas condições ruins, muita carga sobrará para o filho).

É lógico que o demônio, no fim das contas, ficaria cada vez mais forte, próspero e tranquilo... Ela disse: — Eu não consigo resistir aos convites dele! Ele provoca um calor muito grande no meu coração (vide Arcano 2 de Espadas).

Então olhei para o demônio e perguntei: — Você gosta dela ou não? – Ele disse: — Gosto, sim. E, agora, sabendo da minha verdade, que sou um demônio encarnado, gostaria de evoluir, de me tornar melhor... pois, como vocês dizem, mestres, não importa o que somos, importa o que nos tornamos...

Finalizei da seguinte maneira: — O único remédio é ela separar-se do marido e vocês dois se casarem. Aí, ela irá para o Arcano Estrela junto com a Roda da Fortuna, por ter ajudado uma alma a sair do Arcano Diabo, e você, Diabo, poderá ir para a Carta Temperança e se tornar um Homem do Anjo. Lógico que contar essa transformação toda daria uma saga, uma trilogia.

PORTANTO PRESTEM ATENÇÃO! NÃO IMPORTA O QUE SOMOS, A NOSSA ESSÊNCIA... O QUE IMPORTA É O QUE E QUEM NOS TORNAREMOS DURANTE A NOSSA VIDA, NA TRAJETÓRIA DO TARÔ. NO INÍCIO, SOMOS A SEMENTE (LOUCO) QUE SE TRANSFORMARÁ NA MAIOR DAS ÁRVORES (MUNDO).

Verbos que essa carta pode representar: atrair, enganar, convencer, perverter, escravizar etc.

Substantivos que essa carta pode representar: poder, domínio, realização, tentação, sedução, possessão etc.

Adjetivos negativos: descontente, depressivo, escravo, egoísta etc.

Reflexão: pense em uns cinco momentos DIABO que você já viveu ou ainda vive, tanto nos aspectos positivos quanto nos negativos.

TORRE

O Arcano Torre é conhecido por ser considerado a destruição do antigo, ou o teste de você comprovar que é realmente, por si só, o que aparenta ser.

Consciência Supina: chamamos de "derrubar a própria casa". É o vomitar de toda informação ruim, de todo o conhecimento podre que faz mal à alma para conseguirmos ir mais adiante e evoluirmos. É jogar fora os livros falsos, os talismãs antigos, as roupas velhas, em suma: tudo o que lembra o passado ruim. Nessa fase, você vai ter a certeza de que o espírito é mais forte do que a matéria (é a morte da matéria dentro de você). Já quem vive no Arcano Força, acha que a matéria é a maior de todas as energias e que seu poder é ilimitado.

A Carta Torre é praticamente a repetição da Carta Enforcado, só que de forma externa. No Enforcado, você passa a mudar sua visão interna do mundo. Nessa Carta Torre, começa a atuar na transformação externa do mundo, libertando-se do Hierofante e do Ermitão, passando a enxergar o mundo real porque a realidade derrubou sua casa, sua Torre.

Como a Torre enxerga você? Como um pilar ou uma árvore a serem testados pelas forças externas: raios e ventos fortes. Ela quer saber se você é mesmo o que aparenta ser, se você é uma Torre que tem forças para parar em pé, sozinha. Quer saber se seu crescimento externo é proporcional ao seu crescimento interno, seja para o bem ou para o mal.

Lado Favorável: os virtuosos interpretam essa carta como sendo perigo à vista, catástrofe, conflito com pessoas, destruição de estruturas antigas e das velhas ideias; mudança do estilo de vida e dos gostos.

Lado Contrário: quebra dos negócios, acusações falsas e calúnias.

Trilha da Vida: podemos compreender aqueles que vivenciam a carta Torre como pessoas que seguem determinado estilo de vida. Mas tudo isso será testado como narrado a seguir.

Duas rápidas histórias sobre a influência Torre

Na primeira, o jovem recebeu uma grande herança. Como era pessoa de Naipe Espadas, não querendo ouvir o bom conselho de ninguém, resolveu acompanhar seu ídolo esportivo preferido pelo mundo afora. Se seu ídolo se hospedava em um hotel cinco estrelas, lá estava ele. Se seu ídolo ia passar as férias em algum paraíso tropical, lá estava ele no mesmo hotel. Até que um dia seu dinheiro acabou, sua Torre caiu. E voltou a ser mais um pobre que acabou com todo seu dinheiro.

Na segunda, a esposa achava que seu marido trabalhava demais sob as ordens do sócio. Então, com pena do marido, resolveu separar a sociedade. O sócio, com muito pesar, dividiu a empresa. O que aconteceu? São palavras dela mesma: — Meu marido, sem o sócio para empurrá-lo, não ia trabalhar cedo. Passou a acordar tarde e não me ouvia mais. No fim, resolveu vender a empresa por qualquer preço. Depois inventou de apostar tudo em sites. Perdeu tudo. Agora, moro de favor na casa da minha sogra. O meu arrependimento foi tirá-lo de sócio. E o sócio está cada vez mais rico. E meu marido, com depressão, tomando tarja-preta. Que arrependimento eu tenho na vida!

Para a esposa, a Torre caiu porque ela não entendia que seu marido é um Naipe Espadas, que só trabalha conduzido por alguém Naipe Ouros ou Copas... Vale ressaltar que antes o casal tinha vida de classe média alta, virou ajudante do lar (diarista), ou seja, sua Torre caiu.

Verbos que essa carta pode representar: romper, cair, destruir, derrubar etc.

Substantivos que essa carta pode representar: acidentes, destruição, catástrofe, desorganização etc.

Adjetivos negativos: colapsado, destruído, desequilibrado, rompido, abalado etc.

Reflexão: pense em uns cinco momentos TORRE que você já viveu ou ainda vive, tanto nos aspectos positivos quanto nos negativos. Verifique quantas casas suas já derrubou. Quais mudanças ou renovações ocorreram em sua vida?

ESTRELA

Enquanto a Roda da Fortuna faz o primeiro teste de caminho aberto no mundo material, a Estrela fará seu primeiro teste de caminho aberto no mundo espiritual. Será seu chamamento espiritual, o que acarretará grande transformação na sua vida, um acordar para uma nova realidade.

Consciência Supina: o atendimento ao chamado espiritual provocará reflexos no mundo material e a sorte material também chegará. Para os que não têm alcance de entendimento espiritual, esse Arcano soará apenas como sorte.

Por que logo em seguida temos a Lua? Lógico, assim como a Justiça vem depois da Roda da Fortuna, para avaliar se merecemos manter o caminho aberto e aumentar nosso Métron material, a Lua fará o mesmo papel que a Justiça, só que no mundo espiritual. A Lua o testará com a ilusão e a mentira para ver se você merece continuar com a Estrela, passando por essa peneira, até atingir o Sol. Resumindo: agora as fases dos testes são mais espirituais do que materiais, mas o mesmo mecanismo, aqui em cima, se repete do que já viveu lá embaixo.

Como a Estrela vê você? Como alguém que pode ser chamado pelo mundo espiritual, alguém que merece viver o além...

Trilha da Vida: VAMOS DAR UM EXEMPLO ALIENÍGENA, PARA NÃO DIZER QUE NÃO FALAMOS DOS ALIENS e, ao mesmo tempo, para testar sua TEMPERANÇA diante de novidades gritantes. Nasce uma Estrela...

Almas alienígenas em corpos humanos

Depoimento: estamos na quinta aula, eu não assisti às três primeiras. Semana passada, na quarta aula, tentei me concentrar, mas não consegui – a única coisa que lembro foi do exercício final que fizemos com as bolinhas. Hoje estava diferente, fiquei aguardando pela aula e estava mais receptiva para assistir, mais atenta. Durante a leitura da quinta aula, começou a passar um filme em minha cabeça, conforme gostaria de relatar. Quando era jovem entre 14 e 17 anos (não consigo lembrar a data certa), gostávamos de acampar com amigos, como sou do norte do RS Centro-Oeste, não tínhamos praias, então íamos acampar próximo aos rios. Em uma noite, após jantarmos, ficamos tocando violão, conversando, até todos irem dormir. Lembro que era dia de lua cheia porque via claramente na noite. Eu fiquei sozinha, era meia-noite, e quase como que hipnotizada comecei a caminhar para a beira do rio. Era uma sensação estranha. O acampamento ficava a mais de 300 metros do rio. Eu fui me aproximando, sentei-me na beira do rio onde fica a parte mais funda. Alguma coisa falava em minha mente que era para eu entrar no rio. Detalhe: eu não sabia nadar. E não arriscaria entrar neste local porque era muito perigoso. Sentei-me na beira do rio, fui colocando os pés devagarinho, quando percebi, estava dentro do rio e meus pés não alcançavam o fundo, nesse momento algo me puxou para o meio do rio na parte mais funda, onde tinha um redemoinho. Eu comecei a me debater com as mãos, fui perdendo as forças. Tentei gritar por socorro para as pessoas que estavam dormindo, mas não conseguia, minha voz tinha sumido. Meu corpo começou a paralisar e ficar pesado. Naquele momento, eu percebi que eu ia morrer. Era para eu ficar em pânico, mas, pelo contrário, meu corpo começou a relaxar e foi afundando. Enquanto afundava, nenhuma gota de água entrou em minha boca e eu podia ver tudo o que estava acontecendo. Meus olhos estavam abertos, era como se tivesse algo me protegendo, como uma bolha invisível. Eu estava com a cabeça virada para baixo olhando para o chão, era estranho porque dentro da água os olhos ficam embaçados, mas tinha uma luz branca forte que iluminava o espaço.

A sensação era boa e eu fiquei relaxada e tranquila. Não sei dizer o que aconteceu e nem quanto tempo isso aconteceu, mas, de repente, duas mãos brancas, suaves que pareciam flocos de neve, enormes, surgiram e me pegaram embaixo de meus dois braços e me colocaram na beira do rio. Lembro que quando senti a terra, eu respirei como se aquele fosse meu primeiro respiro de ar e eu estivesse acordando. Agarrei a terra e a grama com muita força e subi o barranco assustada, olhei para trás sem entender o que tinha acontecido. Voltei ao acampamento, sequei meu corpo e fui dormir, eu estava exausta. Pela manhã, contei para minha melhor amiga. Ela riu muito e disse para eu não inventar histórias, que eu deveria ter sonhado ou estava louca. Desde esse dia, nunca mais contei para alguém, achando que as pessoas iriam pensar que eu estava ou inventando a história ou estivesse louca. A única vez que contei foi para o Pedro em um dos atendimentos. Lembro que perguntei se era um anjo que tinha me salvado daquela situação. Ele não me respondeu, e sorriu mudando de assunto. Talvez eu não estivesse pronta para a resposta. Mestres, só agora estou percebendo que pode ter sido uma história muito parecida com a do Melquises? Eu morri e alguém assumiu meu corpo naquele momento? Foi alguma espécie alienígena? O que aconteceu?

Comentário: ela teve uma grande experiência alienígena, chamada Transmigração, ou seja, a alma humana foi embora e, no seu lugar, veio outra, alienígena. Toda explicação está na Trilogia: ALIENS EM CORPOS HUMANOS – consulte o livro e o nosso site para saber mais. Por que contamos essa história aqui? Para testar seu poder de Temperança, ou de adaptação, a novas realidades e conceitos... Tendo Temperança, passa pelo Arcano Lua, não tendo Temperança, volta alguns Arcanos lá para trás. Geralmente, o pessoal dominante do Arcano Força não gosta de desapegar-se dela. Fica a dica...

Lado Favorável: momento de inspiração, visão, esperança, ajuda de alguém. Dons espirituais.

Lado Contrário: pode se tornar um momento desfavorável, mau presságio, possibilidade de doenças e dúvidas.

Verbos que essa carta pode representar: beneficiar, confiar, compreender, prever etc.

Substantivos que essa carta pode representar: esperança, libertação, sorte, paz etc.

Adjetivos negativos: desarmonioso, instável etc.

Reflexão: pense em algum momento ESTRELA que você já viveu ou ainda vive, tanto nos aspectos positivos quanto nos negativos. Você já recebeu seu chamado para o mundo espiritual? Conseguiu "ouvir" e atendê-lo?

LUA

O Arcano Lua significa que as coisas não são como você pensa, que você está enganado, pois ela vem interferir na Força Magnética Espacial, e fazer você tomar o errado por certo e fazer sua interpretação dos fatos da vida ficar falha, não confiável. É nessa fase que você será testado para ver se entende a natureza dos mecanismos que regem os acontecimentos, o saber até onde pode confiar nas pessoas e até em si mesmo.

Como a Lua vê você? A Lua o testará com a ilusão e a mentira, para ver se merece continuar com a Estrela, passando por essa peneira, até atingir o Sol, como já dissemos no Arcano anterior.

Consciência Supina: repare que na imagem desse Arcano aparece uma lebre desenhada na Lua, mas a índia mostra para sua filha como a verdade aparece no reflexo da água, a qual revela que a verdadeira imagem é a de um gato. Viu como o índio está tapando a visão do pequeno filho para que esse não seja enganado?

Escolhemos a crônica a seguir para alertar muitos espiritualistas que andam comprando gato por lebre, caindo no conto da Lua...

Pare de comprar o mal branco pelo bem branco

Um dia alguém me disse. Vou trazer aqui para conversar com você uma pessoa muito boa que está montando uma comunidade espiritualista numa cidade esotérica do Centro-Oeste brasileiro.

Algumas semanas depois, ele me apresentou uma brasileira que vivia no Reino Unido, herdeira multimilionária e de muito bom coração. Ela mostrou seu projeto, um sítio comprado onde seriam construídas casas, rodeando um amplo espaço central destinado a práticas espiritualistas. Eram naturalistas e havia toda uma área para se plantar os alimentos que iriam consumir, sendo a produção agrícola de subsistência sob responsabilidade de seu namorado britânico. Como a terra do local era pobre para a agricultura (aliás, como em toda região, pois há muito cristal, ouro, nióbio, platina e outros minérios), contrataram uma empresa agronômica especializada para ajustar o PH da terra. Tudo muito bonito. Ela queria que ajudássemos a apressar no mundo espiritual a liberação da segunda parte do dinheiro presa no inventário, num total de quatro partes. Gosto de ajudar as pessoas e dei as simpatias que a ajudariam no seu intento. Mas eu vi que poderia ajudá-la no futuro com alguns percalços do caminho da sua comunidade e lhe pedi para voltar dali a um ou dois anos.

Ela voltou dali a dois anos para me relatar os problemas da comunidade: — O pessoal de lá é ótimo, tudo está indo bem! Perguntei quantas pessoas já moravam na comunidade e ela disse que quase umas sessenta, acrescentando: — Ajudamos muitas pessoas e em especial tem um casal muito carente que demos uma das casinhas para morar. O homem fala bem, tem muitas ideias e a mulher é um amor... Ela também narrou as qualidades do seu agora noivo: — Ele ajudou na construção da casa do casal, acorda às cinco horas da manhã para cuidar das plantações, trabalha muito... Nesse ponto, ela chegou aonde eu queria na narrativa.

Então eu lhe disse: — Eu vejo que lá tem três pessoas que trabalham muito, seu noivo é um deles. Ela disse: — Sim, isso mesmo. Daí lhe acrescentei: — Mas parece que os outros que estão lá não trabalham tanto assim na prática. Gostam mais de falar, dar boas ideias, apoio moral, mas, na hora de pegar na enxada, só ele e mais dois o fazem. Ela concordou.

Vi na vidência que ela iria perder o noivo dali a uns seis meses para uma nativa. Resolvi alertá-la sem assustá-la: — Esse pessoal legal que está lá não fica só falando em "abrir a mente", plantar maconha escondida por lá, só pensa em festa (aliás são os últimos a sair das festas), dança e é mais alegre do que os outros.

Ela concordou: — Sim, isso mesmo. Então eu acrescentei: — Eles não têm também uma conversa de que todo o sistema é opressor, todo mundo é livre, de que o sexo deve ser livre.

Ela disse: — Sim, sempre falam isso.

Então a alertei: — Você não reparou numa menina (descrevi a menina), que fica rodeando seu noivo, que agora está até acordando mais cedo para ir trabalhar com ele?

Ela respondeu: — Isso mesmo.

E eu lhe disse: — Sorte tua que teu noivo é trabalhador, do Bem Branco, desapegado ao resultado financeiro do trabalho, que trabalha pela comunidade. Mas tenho outra pergunta para te fazer: esse pessoal de lá não vive dizendo que seu noivo trabalha demais e não estão tentando fazer a cabeça dele para trabalhar menos, para ele parar de "se matar"?

Ela comentou: — Sempre dizem isso. Dizem que ele precisa se soltar mais, não ser escravo do trabalho, beber um pouco mais nas festas, dançar, essas coisas... para mim também dizem tudo isso, mas procuro ignorar.

Então respondi a ela: — Você está percebendo aonde isso

vai chegar? Você está percebendo que daqui a pouco logo ele entra na deles? – Ela me disse: — Eu já estava enxergando, mas não queria acreditar. Tudo que você está falando está batendo.

— Vou ser claro com você, daqui a pouco teu noivo entra na deles, vira um vagabundo, vai transar com aquela primeira nativa que o está "ajudando", vai virar adepto do sexo livre e vai te trocar por uma caiçara boa de cama.

A jovem me confessou: — Sim. Tudo é verdade o que você está me dizendo. Vou até te falar mais: aquele casal legal que te falei, faz mais de um ano que está na comunidade... Outro dia entrei na casa deles e me assustei! Ela, em um ano, nunca deu uma varrida no chão da casa, tem tanta poeira que formou uma trilha no meio da sujeira por onde eles andam. Tem bituca de maconha jogada pela casa toda, junto com preservativos usados jogados no chão, um nojo total.

Por fim, arrematei: — Se eles só falam bonito, dão ideias incríveis, mas na hora de pôr a mão na massa são coitadinhos. Nas festas são os reis. Vou te falar mais: lá tem apenas você e mais três pessoas trabalhadoras junto ao seu noivo que pertencem ao Bem Branco, o resto não quer pegar no pesado, é o Mal Branco. E logo o mal vai vencer seu noivo. Você precisa tirar seu noivo de lá urgentemente, antes que você o perca ou ele mesmo se perca. Ainda falta uma parte da sua herança (Bem Dourado, deixado pelos pais). Não enfie naquele lugar. Vou te ensinar a fazer a caridade certa aos pobres com a fortuna que teus pais te deixaram.

Resumindo a história: hoje ela voltou para o Reino Unido, casou-se e montou uma ONG só com pessoas competentes para ajudar os pobres da maneira correta e de forma espiritualista.

Nesta crônica, temos o que nomeamos:

Bem Branco: a menina e seu noivo; Mal Branco: o casal carente e outros da comunidade; Bem Dourado: os pais da menina que deixaram herança, pois ganharam tudo honestamente; Mal

Dourado: onde? O irmão da herdeira, que não está na história, que virou *playboy* internacional e gasta tudo em farras com os "parças"...

Comentário: faça sua reflexão sobre como a Lua camufla o Mal Branco entre o Bem Branco. Somente completa o tarô, chega ao Arcano Mundo, quem percebe o Jogo da Lua..., quem não compra gato por lebre, quem não compra as ideias do Mal Branco, acreditando ser o Bem Branco... Produza frutos e seja ativista pelo Bem Branco, livrando-o do Mal Branco!

Lado Favorável: inspiração, imaginação, perigo não previsto, oculto.

Lado Contrário: momento de se manter o ceticismo, não se aventurar.

Verbos que essa carta pode representar: revelar, alucinar, precaver, atrair, ansiar etc.

Substantivos que essa carta pode representar: aventura, criatividade, ceticismo, ocultismo etc.

Adjetivos negativos: conflituoso, inseguro, confuso, medroso etc.

Reflexão: pense em uns cinco momentos LUA que você já viveu ou ainda vive, tanto nos aspectos positivos quanto nos negativos. Quantas vezes você já comprou gato por lebre?

SOL

Podemos chamar de iluminação externa, na verdade, uma dupla iluminação (interna/*yin* mais externa/*yang*), e você se tornará luz para muitas pessoas que estão presas a outros Arcanos.

Consciência Supina: significa estar passando em todos os testes divinos, alta maturidade espiritual. Revela que você é, espiritualmente, uma pessoa solução e não uma pessoa problema, uma semente de mostarda que se tornou a maior das leguminosas, o bolo que encheu a assadeira. Essa carta simboliza os êxitos e as finalizações, período de luz e prosperidade que pode ser desfrutado.

Como o Arcano Sol o vê? O Arcano Sol o vê como um animal parabólico. Na ilustração, o Sol observa como uma pessoa virou elefante (Sol) e abre o caminho de outra (alguém na carta Louco ou em algum Ás menor). Ao mesmo tempo, observa como ambos se saem no teste da cratera...

Lado Favorável: os virtuosos interpretam como felicidade, sucesso, amor, paz, encontro da verdade, da essência, trabalho bem-feito, despertar, renovação e crescimento espiritual – pessoa que alcançou a alta faixa vibratória.

Lado Contrário: o lado inverso, infelicidade, vazio interior, falta de objetivo final, confusão, miopia empresarial, perda, fracasso, amor em trevas.

Trilha da Vida: você sabe o que é Vidência Parabólica? Então preste atenção nesta história a seguir. São ensinamentos sobre Iluminação Externa, conhecimentos para poucos dentre os poucos. Vamos despertar sua Luz Externa...

O sol e o elefante

O professor universitário começou a narrar sua experiência. O reitor daquela universidade me chamou para dar aulas e indicou um PhD como orientador na minha tese de Livre Docência. Ele também fez com que aprovassem uma bolsa razoável durante as pesquisas que eu precisaria realizar. Em paralelo, estávamos desenvolvendo um projeto que faria muito sucesso e chamaria a atenção da iniciativa privada.

Durante um ano e meio, tudo foi maravilhoso, mas, de repente, o reitor não me atendia mais, meu orientador desistiu de continuar com a tese e, o pior, até minha bolsa foi cortada! Ele se voltou contra mim, me abandonou e hoje tenta me tirar de lá pelos bastidores... O que aconteceu? – pergunta o acadêmico.

Então a resposta veio pelo Mundo Magnético, mundo das parábolas. E fomos narrando... O reitor chegou como um padrinho, te abrindo as portas, tirando todos os obstáculos do caminho.

Na vidência parabólica aparece você andando atrás de um grande elefante (o reitor), o qual rompe toda a mata e quebra todos os obstáculos com sua força e tamanho. Esse é o início da história. Quando perde o padrinho e ele se volta contra você, no mundo da vidência parabólica, mostra o elefante fazendo meia-volta e se virando de frente para você. E fica o alerta: nunca é bom ficar na frente de um elefante porque ele pode pisar na gente. Mas qual foi o erro que você cometeu? O não saber jogar o Jogo Magnético do padrinho ou madrinha.

No mundo parabólico, o elefante vai andando na nossa frente até chegar diante de um poço, um buraco enorme e profundo, o qual pode engolir todo o elefante e fazê-lo sumir na sua escuridão.

Você não soube tampar esse buraco na Dimensão Magnética, por isso que, nessa dimensão de carne, onde estamos agora, tudo deu errado. E então o professor pergunta: — Mas é possível, da nossa dimensão material, conseguirmos mexer na Dimensão Magnética?

Respondemos: — Sim. Isso é conhecimento de Iluminação Externa! É possível você plantar num lugar e colher em outro, plantar em uma dimensão para colher na outra, na verdade, mais do que isso: plantar nessa dimensão o que vai gerar um efeito na Dimensão Magnética que será retribuído nessa nossa dimensão, provocando um efeito rebote, uma lei do retorno, positiva.

Dúvida: como mexer na lei do retorno para que seja a nosso favor?

No caso do padrinho/elefante, o segredo é a prática da caridade correta. Faltou você fazer a doação de alimentos para crianças (plantar nesse campo a ação). No Mundo Magnético, essa caridade de doar alimentos chegaria na forma de uma energia que aterraria o buraco que o elefante tem à frente, ou seja, cada alimento doado seria uma porção de terra jogada para tampar o buraco do caminho. Feitas as caridades corretas, quando chega o momento do teste do poço e do elefante, o poço estará tampado por força da filantropia. E, dessa forma, seu padrinho continuaria ajudando-o nessa dimensão. Entenda a lei do rebote de caridade.

Primeira ação material é doar alimentos para a filantropia nesta dimensão. Reflexo dessa ação no Mundo Magnético: na Dimensão Magnética gera energia que tampa o buraco que permite ao elefante seguir adiante.

Reação à primeira ação material (lei do retorno direcionada): seu padrinho, no exemplo, o reitor, segue ajudando no projeto. E, dessa forma, é possível direcionarmos nas nossas vidas toda uma lei de retorno favorável.

Observação: a caridade exposta anteriormente funciona para todos os tipos de pessoas, seja do bem ou do mal.

Exemplo do mal: Pablo Escobar, o maior traficante de cocaína, fazia muitas caridades, ou seja, doou um bairro inteiro de casas populares aos pobres e o Magnético lhe deu um efeito rebote multimilionário. A filantropia causa efeito rebote na matéria. Esse processo faz parte do jogo da ação e reação promovido pela dupla iluminação.

Existem as caridades que aliviam dores, para a cura, abertura de caminhos, amor, engravidar etc. Conheça mais sobre os tipos de caridade em nosso site e cursos.

Verbos que essa carta pode representar: libertar, aproveitar, redescobrir, prosperar etc.

Substantivos que essa carta pode representar: solidariedade, clareza, solução, felicidade, generosidade etc.

Adjetivos negativos: vaidoso, hipócrita, irritado etc.

Reflexão: pense em uns cinco momentos SOL que você já viveu ou ainda vive, tanto nos aspectos positivos quanto nos negativos. Veja se você está precisando fazer caridade para trazer ou manter seus padrinhos/madrinhas.

JULGAMENTO

Nesse Arcano, você será julgado segundo seu próprio sistema de julgar as outras pessoas. Se você muito perdoou, o Mago te perdoará; se você pouco perdoou, o Mago pouco o perdoará...

Consciência Supina: considerada uma carta de transição, pois há o acerto de contas. Essa carta está vinculada à Justiça, onde os efeitos de nossas ações e omissões ocasionam consequências. Temos a união do mundo material com o espiritual. Esse Arcano nos enxerga como árvores. As que dão frutos são as que se posicionam a favor do que é certo e serão premiadas. As árvores que não dão frutos são as pessoas que só detêm o conhecimento para si mesmas e não o divulgam ou se mantêm neutras, lavando as mãos diante das questões do bem ou do mal. São árvores que serão cortadas. Já as árvores secas são as que condenam tudo e todos e defendem causas contrárias ao espírito. Na verdade, as pessoas condenam nas outras coisas que elas fazem e enxergam em si mesmas. Por isso o espelho...

Lado Favorável: maravilhas que vão ocorrer, boas transformações, preparação para o futuro.

Lado Contrário: saudade, inquietude, não conseguir ver a luz no fim do túnel para se livrar de situação desfavorável.

Vamos narrar uma passagem com Análise Semiótica Aquantarista que vai esclarecer a grandeza desse Arcano Maior.

Trilha da Vida: quando uma pessoa que está em pleno giro favorável da Roda da Fortuna leva uma rasteira do Arcano Diabo que lhe foi jogado pelo Arcano Mago...

Aquela senhora, antiga na Ordem, pediu que ajudássemos espiritualmente na solução do problema do seu filho, pois ele estava totalmente desequilibrado depois de um acontecimento, querendo até cometer um crime.

Como era uma exceção, pois não costumamos falar desses assuntos com pessoas leigas, perguntei ao filho se ele era ateu ou se tinha alguma religião, pois essa informação é fundamental para sabermos em que linguagem falar com o indivíduo.

Ele disse que era evangélico. Então lhe falei: — Vou analisar seu caso espiritualmente na linguagem evangélica, que é a que você domina. Fiquei sabendo que o empresário havia vendido seu iate de luxo e estava com muito dinheiro. E, por incrível que pareça, nos dias seguintes, conheceu uma pessoa muito comunicativa, alegre, que se propôs a ajudá-lo na compra de outro ainda maior. Foram ficando amigos, e esse novo "amigo" o acabou mostrando muitas coisas legais, levando-o para voar de helicóptero etc. E fez tudo certinho, conforme o combinado. Dessa forma, acabou ganhando a confiança total do comerciante, o convidando para participar de outros negócios. Só que, dessa vez, era um golpe, ou seja, acabou perdendo tudo. Agora, ele estava processando o indivíduo e, após instrução, o juiz estava invertendo toda a situação, pondo o malandro de vítima e o empresário como estelionatário...

Com essa inversão, ele quase enlouqueceu e foi lá na casa do indivíduo para matá-lo... Então percebi que a esposa o estava pilhando e o aporrinhando por causa do episódio, fazendo-o tomar essas atitudes extremas.

Então eu lhe disse: —Você está passando por um teste divino que só acontece com empresários bem-sucedidos e que estão no meio-dia de seus negócios, ou seja, tudo indo bem e dinheiro sobrando, e você sem saber o que fazer com o dinheiro.

É nesse momento que vem a provação, a tentação. Eu sei que você é um homem trabalhador, honesto e que ganha tudo com muito suor.

O teste chegou: de início, o demônio é um cara legal, gente boa, praticamente um irmão que você nunca teve...

Enquanto eu falava, ele ia acenando positivamente com a cabeça. E a mulher, entendendo o falado na linguagem da sua fé, prestando muita atenção. Esse é o demônio do meio-dia. Vejo toda semana um teste desse: um empresário com dois milhões sobrando na conta e que conheceu um homem desses que deu a ideia de construir um hotel fazenda – ele perdeu os dois milhões e teve que pôr mais quinze para ficar livre da história e lhe narrei mais uns quatro casos.

E como passar nesse teste divino? Perdoe a sua dívida. Difícil aceitar, mas é a solução. Por isso, está colhendo o mal, até o juiz está revertendo a causa.

E agora está aqui diante de mim, pedindo um Amém! Não vou dar o Amém, pois ainda há tempo de perdoar a quem o ofendeu. E depois lhe segredei: — Viu que o juiz está revertendo o caso? Claro que vai reverter, porque o dinheiro que a gente perde para o demônio do meio-dia deve ser esquecido e servir como lição, pois era um "extra que você tinha". E se você for tentar recuperar, acaba perdendo mais ainda. E sua sorte não voltará.

Ele (que tem ID ativo) disse: — Eu sinto que não tenho que fazer isso, mas as pessoas (para não falar a esposa – ID Passivo) ficam falando na minha cabeça que eu tenho que fazer isso, que eu sou um trouxa, que ele me enganou e está rindo da minha cara com o dinheiro, que eu devia comprar um nariz de palhaço e andar pela rua...

Então eu olhei para a esposa e lhe falei: — Você é uma irmã de muita fé, e com a força que você tem, ajude ele a passar nesse teste do Arcano Diabo e o proteja das pessoas que falam isso, porque estão fazendo o papel de aliadas do demônio (no caso, a própria). Senão ele vai fazer uma besteira ainda maior, cometer um crime grave que vai acabar com toda sua família.

E lhes garanti: — Perdoando o homem e a dívida, você passará no teste. Mas ponha uma pedra sobre esse fato, um ponto-final nesse caso (Arcano Morte) e procure outro advogado melhor para arquivar todos esses casos. Daqui a três anos, você recuperará dez vezes o que perdeu, mas se você não perdoar, seu caminho nunca se abrirá...

O amor segundo o Arcano Julgamento – é possível amar sem gostar?

Nos dias de hoje, essa arte é para poucos, pois o Hierofante, acompanhado da Lua, impôs várias restrições e condicionamentos ao amor.

Para vencer o Julgamento, é preciso recuperarmos um conhecimento perdido. Como amar se eu não gostar?

Simples, vamos só ler uma frase dita por uma sábia anciã de 88 anos. Ela disse: — Eu NÃO GOSTO de trocar as fraldas da minha irmã mais velha, de 90 anos, mas eu faço isso com AMOR!

Entendeu a grandiosidade espírito-material dessa frase? Compreendeu a riqueza do amor? Pratique isso no seu trabalho, nos seus estudos, nas suas obrigações, com seus familiares...

Você alcançará altas graças com o lado bom de todos os Arcanos... Principalmente com o Arcano Julgamento...

Verbos que essa carta pode representar: mudar, renovar, julgar, solucionar etc.

Substantivos que essa carta pode representar: despertar, nascimento, iniciação, cura etc.

Adjetivos negativos: inquieto, sedutor, arrependido, frustrado etc.

Reflexão: pense em uns cinco momentos JULGAMENTO que você já viveu ou ainda vive, tanto nos aspectos positivos quanto nos negativos. Fique atento à maneira como esse Arcano o vê, lembre-se de que a árvore que dá bons frutos será recompensada.

MUNDO

Conhecido como o Arcano Mundo ou a Realização. Depois de superar os mais terríveis obstáculos, percorrer por diversos caminhos, chegamos à porta final.

Consciência Supina: podemos compreender o término de um ciclo e início de outro. Considerado agora um tempo para o repouso, pois as tarefas foram terminadas, e dadas as devidas soluções com êxitos e prosperidade.

Devemos nos lembrar que o Arcano Louco é que pode ser numerado zero, portanto temos 22 Arcanos maiores regendo o tarô. Você venceu essa etapa do Magnético – agora você faz parte dele.

Lado Favorável: liberdade total de ação, trabalho bem-feito, caminho aberto para todos os lados e sucesso em todos os empreendimentos que quiser participar.

Lado Contrário: medo de novidades, medo que cria estagnação.

Trilha da Vida: todo o fim se inicia em um outro grande começo, ganho final de suas expectativas e desejos. Seria a recompensa de todos os seus esforços. Traduzindo, seria a plena felicidade, a qual pode ser definida para os mortais como sendo aquele momento em que você não sente falta de nada – é como ver o time ou a seleção do coração fazendo um gol, ganhando um título –, momento de alegria em que não falta nada! É o triunfo material e espiritual.

Vamos acompanhar a história de um Rei de Ouros que ajudamos na construção

LOUCO – chegou na Ordem aos 16 anos, trazido pela tia;

MAGO – aceitou nossas orientações;

SACERDOTISA – aprendeu a vencer sua própria natureza;

IMPERATRIZ – quebrou o Carma Familiar;

IMPERADOR – começou pelo lado errado, contrabandeando;

BABY HIEROFANTE – caiu na onda do Hierofante e se afastou da ordem;

ENAMORADOS – aprendeu a inteligência amorosa, largou da paixão vã e se casou com a mulher que lhe trazia sorte;

CARRO – compreendeu perfeitamente como dominar os sentidos, sentimentos, emoções, razão, mente e intuição, fazendo essa última prevalecer sobre as demais, pondo no bolso todas as pessoas que são dominadas pela mente abaixo;

FORÇA – virou um Tiranossauro Rex na guerra entre eles, e abre mão dessa Força quando chamado pela Estrela;

ERMITÃO – aprendeu a lidar com tal carta;

RODA DA FORTUNA – passou fácil no primeiro teste;

JUSTIÇA – usou dos conhecimentos de iluminação externa e passou fácil;

ENFORCADO – aprendeu a transcender essa carta, quando há rebelião da razão e da emoção contra o domínio da consciência;

MORTE – aprendeu a usar a seu favor, pondo ponto-final nos assuntos que precisam ser enterrados, a demitir quem precisa ser demitido, afastar-se de quem precisa;

TEMPERANÇA – nas horas mais difíceis, aprendeu a se valer dela;

DIABO – aprendeu a ser um sedutor empresarial – rei das reuniões;

TORRE – se reinventa constantemente;

ESTRELA – após chamamento espiritual, abriu mão da Carta Força;

LUA – não se deixa encantar pelo seu canto, aliás usa dos encantos da Lua nos seus produtos – aprendeu a "enfeitar o peru";

SOL – virou padrinho material e espiritual, abrindo o caminho de muitas pessoas;

JULGAMENTO – foi aprovado, aprendeu a perdoar quando necessário, ser perspicaz e ter presciência de situações e pessoas. Presciência não é sinônimo de preconceito...

MUNDO – agora para o Mago, ele é uma semente que brotou e pode se tornar uma grande árvore que produz frutos. Conquistar o Mundo significa crescer tudo o que for possível e dentro da Temperança. O Arcano Mundo verá você como um ser vivo, alguém que saiu do mundo dos mortos, do anonimato.

Verbos que essa carta pode representar: evoluir, unir, progredir etc.

Substantivos que essa carta pode representar: oportunidades, realizações, benefícios etc.

Adjetivos negativos: hostil, caótico, desobediente, imperfeito etc.

Reflexão: pense em uns cinco momentos MUNDO que você já viveu ou ainda vive, tanto nos aspectos positivos quanto nos negativos.

A Estátua da Liberdade, em sua Personificação, foi quem entregou as Chaves Supinas do Arcano Mundo, pois "O HOJE", em nosso planeta, está em Nova Iorque, estando as outras partes do mundo ligeiramente atrasadas, algumas até "NO ONTEM", no chamado terceiro mundo... Foi a melhor das missões que nos foi dada! Agora, nos resta partir para as missões da Imperatriz!

SEGREDO DOS BASTIDORES SOBRE OS ARCANOS MAIORES

O difícil resgate das Chaves Supinas do Arcano Imperatriz

A mando do Reino das Ordens, muitas expedições foram realizadas para se pegar as Chaves Supinas e a imagem atual da carta Imperatriz, porém, em plena coroa da montanha rainha, os Magos Exploradores não conseguiam abrir o portal ali existente, posto que a exigência seria que a abertura fosse pelas regras da Era de Áries, ou seja, de muitos milênios atrás.

Nessa imagem, trajando vestimenta de Mago da Era de Áries, chegamos à coroa da montanha rainha com sete malas de oferendas e presentes que deveriam ser ofertados nos moldes dos tempos já esquecidos. Após fazer vários acordos, conseguimos as Chaves Supinas e a imagem que foi dada pela própria Imperatriz Cósmica, que exigiu mais três expedições.

Curiosidade: todos os Arcanos Maiores são divindades, se subdividem em múltiplos, mas o fato curioso é que todos eles são derivações do Arcano Mago.

Com todos os Arcanos Maiores tivemos que negociar com suas múltiplas Personificações, as Chaves Supinas, e não foi nada fácil.

Para ilustrar a informação, vamos aprofundar apenas com a prática de se negociar as Chaves Supinas com as múltiplas formas da Imperatriz. Sinta a dificuldade (a seguir).

Depois de chegarem à coroa da Montana Rainha, adentrando o portal do paralelo 14, que liga Alto Paraíso a Machu Picchu, levando os presentes a serem entregues diretamente para a Personificação da Imperatriz (conforme foto anterior), a comitiva se deparou com a Imperatriz Cósmica, a qual se apresentou exatamente como na figura do Arcano, tendo ao seu lado outras Personificações suas, a Imperatriz Mãe Terra, a Mãe Imperatriz dos Encantados, a Imperatriz Mãe do Arco-Íris e outras dezenas de Mães Imperatrizes ali Personificadas.

No meio da festa promovida pelas Divindades Imperatrizes, a Grande Mãe Cósmica, após conceder as Chaves Supinas e a imagem de seu Arcano Maior (na verdade um portal de comunicação com ela), pediu um favor ao grupo de Magos ali presentes: que ajudassem na dimensão dos seres encarnados a resolver a grande questão existente entre a Mãe Imperatriz Arco-Íris e a Mãe Imperatriz dos Encantados.

Resumindo a história, a grande Mãe Arco-Íris quer de volta os capítulos dos pergaminhos sagrados que foram jogados dentro de um baú de ouro, na área mais proibida do Reino dos Encantados, de onde nenhum grama ou pó de ouro pode ser retirado jamais.

Argumentei para as divindades que poderíamos resolver facilmente essa questão puxando pela Memória Supina tudo o que estava escrito nos capítulos e repassar à nobre Imperatriz e seus filhos. Mas daí vem uma exigência: a Imperatriz Arco-Íris quer os originais, não cópia...

A Imperatriz dos Encantados disse: — Meus filhos têm essa lei do ouro entre si, eu não tenho controle total sobre eles, pois são como células que me compõem. Assim como o ser humano, nos dias de hoje, não conseguem controlar suas células, como, por exemplo, proibi-las de envelhecerem, também não tenho controle sobre eles, mas posso ajudar na missão. E ela esclareceu que o livro está no "El Dorado", Cidade de Ouro dos Encantados.

Só para entender quem são os Encantados.

São chamados de encantados as pessoas e os animais que desaparecem em portais, que não morrem, ou seja, passam diretamente para a dimensão paralela dos encantados. São pessoas que desaparecem junto com navios, aviões, carros, em hotéis, no metrô, caminhando etc. E animais que desaparecem de zoológicos, fazendas, apartamentos, aquários etc. Os encantados se situam entre o leste da Amazônia Brasileira e a região fronteiriça entre Bahia e Minas Gerais, sendo proibidos de saírem dali, mas podem puxar seres pelo mundo todo pelos portais.

Uma das maiores minas de ouro a céu aberto do mundo, Serra Pelada, fica no território dos Encantados, e muito ouro pôde ser retirado de lá. Mas da cidade de El Dorado, jamais.

Saber onde fica o "El Dorado" é fácil, pois já fomos procurados uma vez pela família de fazendeiros proprietários dessa lenda. Eles possuem o título de posse das terras há mais de três séculos e nunca conseguiram extrair um grama de ouro da cidade de ouro. Disseram: hoje criamos boi em cima das ruas dessa cidade, pois um pó a cobriu e nasce capim por cima. Para fazer as cercas, os peões cavam a terra e, após dez centímetros, saem puras pepitas de ouro. Mas impossível pegar uma só delas, pois quem pega corre três riscos: primeiro, desaparece para sempre, ou seja, vira um encantado; segundo, morre, terceiro fica louco para sempre. E muitos parentes dessa família ou peões, ou garimpeiros, ou aventureiros, passaram por isso.

Essa foi a única missão que quase não aceitamos, pois sabemos como são cosmicamente respeitados em todos os universos, pluriversos e multiversos, os encantados, fenômenos imprevisíveis dos Portais.

Mas como foi um pedido da Grande Imperatriz Cósmica, e teremos ajuda das outras Imperatrizes, não podíamos recusar.

Parte Histórica esquecida: o problema é que nas Guerras Supinas antigas, a Ordem do Arco-Íris foi totalmente esfacelada, e como tais pergaminhos, em três volumes, eram impossíveis de ser destruídos ou queimados, cada uma de suas três partes foram jogadas em lugares de difícil acesso: uma ilha flutuante que fica submersa a maior parte do tempo no fundo de um lago, uma caverna com a entrada congelada, e a mais difícil de todas, dentro de um baú de ouro que foi jogado propositalmente na Cidade de Ouro dos Encantados, de onde jamais poderá sair da forma em que está, pois todo ouro que cai nesse território tem que ficar ali para sempre.

Então três grandes expedições nos aguardam, com muita luta, dificuldade e alto custo, pois as oferendas serão exorbitantes, um verdadeiro tesouro. Precisamos de doações, por favor, ajudem no site: aquantarium.org.br. – entidade filiada ao Reino das Ordens que ajudará na organização dessas missões.

A Mãe Imperatriz dos Encantados disse para a Mãe Cósmica que iria promover com seus filhos uma grande batalha de Cartas Supinas, no templo central de El Dorado, valendo os papéis do arco-íris, contra o aprisionamento no mundo dos encantados da comitiva a ser montada, mas que nenhum grama ou pó de ouro sairia dali, como jamais saiu, nem sairá, de nenhum espaço, tempo ou dimensão.

Será que os seres humanos têm alguma noção sobre Batalha Supina?

Uma Batalha Supina nos contos infantis

Todos conhecem a estória da Princesa Aurora: durante seu aniversário, três fadas benfazejas, Flora, Fauna e

Primavera, estavam lhe dando dons de presente (ou seja, mexendo no Supino da bebê). Depois de lhe concederem dois presentes "Supinos", o dom do canto e o dom da beleza, eis que chega Malévola, toda insatisfeita por não ter sido convidada para a festa, e mexe negativamente no Tempo Supino da menina: — Quando ela completar quinze anos, perfurará seu dedo numa roca de fiar e morrerá... Por muita sorte, a última fada ainda tinha direito a uma Mexida Supina e quebrou a maldição, dizendo que depois de dormir pela Maldição Supina de Malévola, ela seria despertada por um beijo de amor...

Por que cada fada só podia dar um dom para a menina? Simples, porque uma das Chaves Supinas (Lei Supina) era que um Supinista só se poderia mexer uma vez no futuro de um bebê.

Tudo lindo, como história infantil, mas, para evitar, em tempos modernos, a repetição dos grandes erros antigos cometidos pelos "Supinistas Antigos", a Ordem dos Guardiões do Tempo Supino, que controla mundialmente esse tempo, tudo sabe o que pode acontecer no Supino, criou senhas, Chaves Supinas e normas de segurança inimagináveis, a fim de que todos os "Supinistas" consigam mexer na paz e dentro dos limites cabíveis no Tempo Supino...

Lógico que a volta do Tempo Supino aos dias atuais vai mexer em muita coisa neste mundo, mas a Ordem dos Guardiões do Tempo Supino está presente para garantir o equilíbrio, a democratização do conhecimento e a Paz Mundial e individual...

E a única Batalha Supina a ser travada nos tempos atuais será entre a comitiva da Ordem dos Guardiões do Paralelo 14 Sul contra os Supinistas dos Encantados, nos moldes da Era de Áries em prol dos Filhos do Arco-Íris, a pedido da Grande Imperatriz. Somente humanos com almas alienígenas comporão essa comitiva. Veja a trilogia: *Aliens em corpos humanos*, dos mesmos autores deste tarô/almanaque de conhecimento.

Revelação final da Imperatriz

A Imperatriz Cósmica pediu que se fosse revelado, como sinal, o segredo dos gêmeos que aparecem em sua imagem.

Repare que na imagem os gêmeos são bivitelinos, ou seja, formados em duas placentas distintas. Pelas Leis Espírito-Magnéticas, em 98% dos casos dessa forma de gravidez, um dos gêmeos será Filho do Arco-Íris (homossexual), e o outro, filho da Terra (heterossexual).

A Imperatriz Arco-Íris deseja que essa carta seja também interpretada como o Renascimento da Paz para os seus filhos Arco-Íris.

ARCANOS MENORES

NOÇÃO GERAL DOS ARCANOS MENORES

Qual a diferença fundamental entre as influências dos Arcanos Menores e Maiores nas nossas vidas?

Os Arcanos Maiores representam as passagens obrigatórias que teremos que passar enquanto vivos aqui na Terra e não há como fugir de tal destino.

Já nos quatro Arcanos Menores, as pessoas são divididas em quatro grupos distintos: Terra (Ouros), Água (Copas), Fogo (Paus), Ar (Espadas). Esses elementos nada têm a ver com o signo em que você nasceu, mas como os Arcanos Mago e Sacerdotisa programaram os testes "menores" na sua vida.

A história da sua vida obedecerá à progressão desses Arcanos Menores, desde a primeira e básica, chamada Às, até a mais alta, chamada Reis.

Vale ressaltar que cada pessoa consegue alcançar um ponto dentre essas cartas. Portanto temos pessoas que levam a vida de Ás, vida de Dois, vida de Valete, vida de Rainha e vida de Rei...

Agora teremos consciência a que Naipe pertencemos, em que carta estamos dentro do nosso próprio naipe. Dúvida: somos obrigados a vivenciar tudo o que nosso Naipe pede?

Os Arcanos Menores representam nossas relações com as pessoas encarnadas, por isso não somos obrigados a vivenciar na prática muitas das figuras que eles representam, mas pessoas da nossa família ou muito próximas a nós podem vivenciar a história de vida programada nos demais naipes e que muito influenciam nossas vidas. Também temos que ter uma perfeita harmonia com as pessoas que vivem naipes diferentes dos nossos.

Pessoas nascidas no Naipe Espadas (ar – poder)

♠

Aos que nascem na linhagem das Espadas (Ar), o Mago proporciona, logo de cara, um teste difícil de se passar: Arcano Carro. E esses jovens indivíduos, totalmente inexperientes na vida, são conduzidos pelos seus cavalos, ou seja, pelos sentidos, sentimentos, emoções, e acabam sofrendo muito com tudo isso, pois não percebem que quem controla a vida deles são os cavalos. Também recebem um Arcano *yin*, muito difícil para jovens, pois a Sacerdotisa lhes joga, depois do Carro, o Arcano Enforcado, ou seja, se tornam pessoas difíceis de mudar, pois as primeiras experiências que tiveram na vida foram totalmente desfavoráveis pelos Arcanos.

Entenda essa lei: para quem vem do ar e nasce na terra, tudo é mais difícil, tanto internamente, quanto externamente. Como consequência dessa lei penosa, acaba tendo uma visão muito dura da vida e procura repassar essa dureza aos demais.

Espadas são aquelas pessoas que, geralmente, têm muitas ideias, mas não conseguem concretizá-las, porque seus caminhos são fechados já de início. Como elas fazem para virar um Rei de Espadas?

O Rei de Espadas é aquela pessoa que procura agir dentro da justiça, é firme e não se envolve emocionalmente. Porém sua firmeza é tanta que tira dela qualquer flexibilidade e jogo de cintura para lidar com situações adversas, e isso dificulta chegar ao sucesso. No início da sua vida, ainda um Ás, interpreta tudo de forma literal e sua ingenuidade o impede de ler as entrelinhas. Vejamos um exemplo, o jovem "Espadas" ouve alguém dizer: — Você precisa ser independente na vida e fazer tudo sozinho. Então leva ao pé da letra o que aprendeu e jamais vai conseguir ser uma pessoa articulada com as demais. Já a pessoa "Ouros" ouve isso, filtra a informação e se articula com outras pessoas para montar sua fortuna. O "Espadas", quando aprende a ir contra a sua visão ao pé da letra do mundo, vence sua própria natureza e se torna o mais poderoso de todos os Reis. Mas isso é para poucos dentro do Reino Espadas.

Na verdade, pessoas do Naipe Espadas têm excelente inteligência técnica, mas, na inteligência humana, precisam fazer tudo ao contrário do que sentem ou pensam para dar certo.

No mundo real, os maiores políticos são aqueles que venceram sua própria natureza Espada. E aí, sim, conseguem ser grandes com essa arte: pensar uma coisa e falar outra, prometer uma coisa e fazer outra, pois se falarem a verdade do coração, jamais se elegeriam. De vez em quando, escapa alguma gravação de um deles falando o que realmente pensa, o que gera muitos conflitos.

As características principais dos Espadas são: dificultar as coisas para os outros, propor charadas, por senhas difíceis, quando professores, sabem muito, mas não sabem explicar – aliás uma dificuldade natural deles, explicar de forma doce as coisas. Geralmente, diante de uma dificuldade, têm o costume de achar injusto o que acontece com eles e se revoltam, geram sofrimento. Na computação, são os gênios que desenvolvem os programas, mas não conseguem ter a visão de como simplificar e deixar ao alcance dos leigos. Só têm esse talento, os nascidos no Naipe Copas...

A esmagadora maioria das pessoas pertence ao Naipe Espadas.

Veremos como vencer essa trilha Espadas em seus Arcanos Menores.

Pessoas nascidas no Naipe Copas (água – espiritualidade ou pensadores materiais)

Quem encarna e tem pela frente toda uma vida regida por esse Arcano caracteriza-se por ser uma pessoa de realização emocional e espiritual, com pouquíssima relação direta com o mundo material, sendo o sucesso material apenas consequência de sua busca mais profunda. As emoções, as intuições, os prazeres, as revelações e o amor universal constam do campo de atuação de quem vive o elemento água. São pessoas, na maioria das vezes, de paz material e agitação espiritual.

Por isso, quem olha a superfície da água vê tudo calmo, mas nem tem noção das adaptações que ela faz por baixo, no solo todo barrento ou irregular, para se manter sempre no nível e perfeita por cima.

As pessoas Copas são excelentes professoras, excelentes palestrantes, pois possuem a forma doce de falar e explicar, facilitar, deixar ao alcance de todos o que antes era difícil, é um dom natural de todos os Copas. São os que mais possuem inteligência humana e o poder de manipulação é grande. Não possuem grande inteligência técnica. Como característica, as pessoas de Copas facilitam a vida e ajudam os outros a crescerem.

Em momentos de dificuldade, o Naipe Copas se mantém resignado e procura aprender com a situação.

Jogo dos Quatro Reis

O Rei de Copas é aquele que consegue pegar um produto criado pelo Ás de Espadas, que não consegue vender porque não sabe tornar esse bem ao alcance do povo e transformá-lo em sucesso mundial. O Rei de Ouros pega todo esse trabalho feito por ambos e ganha em cima dos dois. E o Rei de Paus ganha alto por divulgar o produto só com a força da imagem que tem... mas quando o Ás de Espadas se torna rei (presidente de algum país), se vinga dos outros reis, limitando os poderes dos demais, "cortando" suas regalias.

Pessoas nascidas no Naipe Paus (fogo – fama)

Os nascidos no Naipe de Paus são as pessoas que mais têm sucesso popular, muitos deles, desde a mais tenra idade, são talentos natos.

As crianças são prodígios clássicos como: Mozart, atletas como Pelé, cantores e dançarinos como Michael Jackson.

Esses três são exemplos de três Reis de Paus, eleitos por seus fãs, que lhes garantem renome mundial.

Mesmo vindos de origem humilde, os Reis de Paus já se consagram geralmente mundialmente famosos, ainda na menoridade, pois onde quer que andem, sempre recebem aplausos de seus fãs incondicionais que os chamam de Reis. Esses são os verdadeiros Reis do Povo e existem centenas que poderíamos mencionar, a maioria é da área artística, entretenimento e esportes. São pessoas que gostam dos aplausos, da fama. Em momentos difíceis, têm dificuldade de saber o que pensar para resolver seus problemas.

Dúvida: quantas pessoas nascem no Naipe Paus?

Podemos dizer, sem exagerar, uma em um milhão. Difícil para a maioria das pessoas sequer ter convivência com alguém de Paus, pois o melhor acesso é pela mídia.

Mas qual o alerta para quem nasce regido por esse naipe? Os que possuem o Ás de Paus, em sua maioria, dificilmente se tornam Reis de Paus. E vamos mostrar os testes que são reservados para quem nasceu com essas linhas em seu destino.

Pessoas nascidas no Naipe Ouros (terra – dinheiro)

◆

Quem tem pela frente toda uma vida regida por esse Naipe se caracteriza por ser uma pessoa conservadora, apegada às tradições. Dinheiro, negócios, bens, reflexões e pensamentos materiais fazem parte da rotina, além de uma busca pela segurança, fortuna e bem-estar físico. São pessoas muito precavidas e constroem tudo com base no material, de ações e resultados tangíveis, com pensamento de longo prazo, sem nunca se deixarem levar pelas emoções. São pessoas práticas e objetivas em tudo na vida, inclusive no amor. Por isso, quase nunca são românticas (praticam o amor objetivo e não enroscam a alma no Arcano Maior dos Enamorados).

Se você quiser Ouros, não seja romântico, seja prático. Essa é a visão de amor que eles têm. "Ah! Mas isso é desumano!". Alguns dizem: "Você está muito enganado... O amor não tem só um ponto de vista". Existe o amor objetivo? Para quem é Ouros existe. Quem é Ouros entende bem. Quem é "Espadas" fala: "Não é assim, não é possível!". Mas quem é Ouros fala: "É isso aí, paixão é para trouxa e amor é para sábio". Não pense que todo mundo pensa igual, cada Naipe pensa de um jeito. O modo como você pensa tem a ver com o seu naipe. Portanto você nunca vai ver um sujeito de Ouros fazendo poesia, pois essa área pertence a quem é de Copas.

As pessoas de Naipe Ouros são curtas e grossas. Têm o costume de testar outras pessoas para verificar quem merece de fato ajuda ou desprezo. Em situações difíceis, acreditam que podem superá-las. Os homens de Naipe Ouros não têm amantes, têm garotas de programa. Passam a noite com a garota de programa mais cara da cidade, mas não têm amantes. A pessoa "Ouros" pensa como aqueles provérbios de sabedoria: "A meretriz só quer o seu pão e a amante quer a sua alma". Então a pessoa do Naipe Ouros não deixa prender sua alma. Para o Naipe Ouros, a somatória de dois mais dois só pode dar quatro, alguém que age de modo mais prático e objetivo. Agora para quem é Paus ou Copas, dois mais dois pode dar o que você quiser, depende de quem está fazendo a conta.

Da mesma forma que o Naipe anterior estudado, é muito difícil para um Ás de Ouros virar um Rei de Ouros. Em quaisquer dos naipes, aqueles que conseguem atingir o sucesso e chegar à carta Rei precisam vencer a si mesmos, suas tendências naturais que, na maioria das vezes, são contraditórias.

Veremos essa trajetória de Ás a Rei, passagem por passagem...

ESPADAS

ÁS DE ESPADAS

Consciência Supina: nessa carta, observamos uma criança brincando com sua espada e, ao fundo, a figura de uma mulher que representa a empresária ou alguém de dinheiro que irá comprar a ideia do jovem que não consegue executar seus planos no mundo material. Podemos compreender esse Arcano como as pessoas que são inteligentes, criativas que possuem raciocínio rápido, mas não têm poder de execução. Tomemos como exemplo o inventor da Coca-Cola, o qual criou o produto e vendeu a fórmula praticamente de graça, entre milhares de exemplos cabíveis.

Lado Favorável: são pessoas que fazem planos de longo prazo, plantam sementes que formarão árvores com sólidas raízes, porém não colherão os frutos nem serão donas das árvores. Geralmente, suas ideias são entregues para o Rei de Ouros ou Rei de Paus.

Lado Contrário: dificuldade na execução de suas ideias criativas.

Trilha da Vida: quando criança, o Ás de Espadas costuma ser desobediente e fazer tudo ao contrário do que os pais dizem. Não gosta de estudar, só de prazeres, sendo o principal deles, hoje, o *videogame*. Geralmente seus amigos não são os mais disciplinados da escola, fazendo com que sempre esteja envolvido em confusões.

DOIS DE ESPADAS

Consciência Supina: a imagem mostra uma mulher em dúvida. O que ela deve ouvir no campo do amor? Conselhos do anjo ou do demônio? Essa carta simboliza a luta entre o coração e a mente. No amor, o coração está manipulado pelo Valete de Copas, por exemplo. O que afeta muitas emoções. Na mente, ela sabe que precisa escolher o homem da Temperança. Por isso, duas espadas se cruzam à sua frente.

É a carta de momento mais difícil na vida do Dois de Espadas, pois é nessa fase que ele tem que aprender a ouvir o pai ou a mãe (quando estes são de Copas – mais favoráveis), que desejam o bem na sua vida, em detrimento do seu coração que não domina suas próprias emoções. Leia agora a Consciência Supina do Rei de Espadas para entender como funciona esse mecanismo de saltar de um Naipe para o outro. Confira também nas cartas Ás e Dois de Paus como uma pessoa pode mudar o destino do próprio "Espadas" evitando que ele caia no 3 de Espadas e, principalmente, no 8 e 9 de Espadas. Entenda que, para você se tornar um Rei ou Rainha de Espadas, é preciso aprender a mudar o seu VESPA (ver, escutar, sentir, pensar e agir) fazendo como o Naipe Copas.

Lado Favorável: carta de escolha e julgamento, disputa.

Lado Contrário: confiar em suas emoções, podendo complicar a sua vida, revela um conflito interno, escolha de sentimentos, renunciar a um sentimento errado para seguir a consciência correta.

Trilha da Vida: como os pais devem lidar com o filho Dois de Espadas? Nessa fase, o jovem é um péssimo aluno e anda entre seus iguais fazendo coisas erradas ou imitando seus colegas em atitudes inapropriadas. É possível nos depararmos com as seguintes situações:

- A mãe "Espadas": terceiriza a educação do filho.
- A mãe "Ouros": impõe disciplina.
- Mãe Paus: terceiriza a educação.
- Mãe Copas: tem percepção do que está acontecendo e sabe conduzir o filho para um futuro excelente e brilhante. Ela tem o tato suficiente para perceber que o filho não sabe lidar com suas próprias emoções e o ajuda nessa deficiência. Desse modo, teremos excelentes médicos, juízes, atletas de alta performance, todos com destaques altamente favoráveis nas suas áreas. Dois filmes que servem como exemplo de pais Copas: *Gifted Hands: The Ben Carson Story* (Mãos Talentosas: a história de Ben Carson) e *King Richard: Criando Campeãs.*

Segredo altamente profundo do Supino

Esses pais souberam praticar de forma inconsciente a mudança de Naipe Temporal Favorável (curso Trilhas Áuricas, ainda não liberado pelo Reino das Ordens), fazendo com que seus filhos seguissem na trilha Copas, onde o caminho é muito mais favorável, pois os Copas são os maiores controladores das emoções e os Espadas são vítimas de suas emoções. Depois, os pais Copas devolvem seus filhos ao seu Naipe original como Rainhas e Reis de Espadas, Paus e Copas, triplamente coroados. Serão Reis de Paus porque terão muita fama, serão Reis de Espadas porque venceram suas próprias naturezas, escapando dos péssimos naipes que tinham pela frente e ouviram a natureza de quem sabe mais, e serão Reis de Copas porque passam a ser ouvidos por aqueles que estão ao seu redor.

TRÊS DE ESPADAS

Consciência Supina: as três espadas cravadas em seu coração sinalizam a prisão que torna a pessoa refém dos próprios sentimentos. Momento de choro e ranger de dentes, lágrimas e dor. A falta de controle dos cavalos da Carta Carro. Apuros e maus momentos nas áreas: espiritual (obsessão), amor, saúde e negócios.

Lado Favorável: fuga dessa situação da prisão de suas emoções na busca de transcendê-las. Você escolhe por quanto tempo deve chorar, um dia, uma semana, um mês, um ano ou infinitamente...

Lado Contrário: dor, agonia, sofrimento, choro e desgosto.

Trilha da Vida: não teve a sorte de uma pessoa "Copas" conduzir seu caminho e começa a colher os frutos dos seus sentimentos descontrolados, dos seus cavalos indomados (não consegue dominar seus cavalos na Carta Carro). A imagem diz por si só.

QUATRO DE ESPADAS

Consciência Supina: a imagem de um técnico solicitando tempo no jogo indica a pausa, trégua. Momento de reflexão e recuperação. Necessidade de se repensar valores e conceitos, período de descanso. Nos esportes, equivale ao momento que o técnico pede tempo para reorganizar o time e esfriar os ânimos do adversário.

Lado Favorável: suspensão, adiamento, momento de baixar a guarda, descansar, relaxar.

Lado Contrário: inércia, falta de ação para a retomada.

Trilha da Vida: ainda é possível dar um tempo na grande batalha de sentimentos descontrolados, basta ouvir o chamado do Naipe Copas.

Nessa fase, a pessoa devastada procura socorro espiritual. Ajudamos na área do amor e nos negócios. E, então, mostramos um caminho Copas para a pessoa, que segue bem, recupera-se amorosa e financeiramente. Mas o grande problema é quando se torna autoconfiante demais e começa a ouvir seus sentimentos errados. Assim perde o amor e quebra nos negócios. De um modo geral, deixa de ouvir quem sabe mais batendo a cara no muro.

CINCO DE ESPADAS

Consciência Supina: carta que demonstra a vitória do tolo, o otimismo ilusório e alegria passageira, ocasionando uma visão deturpada da realidade. Não podemos nos iludir com vitórias passageiras, como consta na imagem. Como um tolo que se acha capaz de ganhar do esperto. O esperto ganha duas e deixa o tolo ganhar uma sempre, para que ele continue no jogo mantendo as falsas esperanças de vitória. Se o esperto ganhasse todas, perderia seu freguês, o tolo. E, ao final, sabemos que o tolo e seu dinheiro sempre se separam.

Lado Favorável: não seja ingênuo o suficiente para se tornar, depois, o tolo.

Lado Contrário: derrota, castigo, fracasso, decepção, culpa. Maus negócios, "compra de um elefante branco".

Trilha da Vida: a pessoa passou no teste da carta anterior e continua ouvindo o Naipe Copas, evolui tendo vitórias nos campos amorosos, financeiros etc. Mas chega o novo teste, seus sentimentos errados farão com que pense que já ganhou o jogo. Ao imaginar que venceu o cassino, comemora antes do tempo, deixando de ouvir o "Copas". Entenda que você venceu a batalha, porém ainda não ganhou a guerra.

SEIS DE ESPADAS

Consciência Supina: carta dos refugiados, pedido de socorro, daqueles que pedem refúgio ou asilo político. Há ainda aqueles que precisam sair, fugir de uma relação amorosa abusiva. No campo profissional, é o fugir de um trabalho escravo.

Lado Favorável: ter consciência rapidamente e sair dessa situação.

Lado Contrário: potencializar os problemas já existentes. Precisam ser resgatados por terceiros, como um drogado entregue a seus vícios e jogado nas ruas aguardando um socorro. Interpretações diversas: prisão, cansaço, imaturidade e inação. Passarinho que tentamos soltar e não sabe ter ação de fuga.

Trilha da Vida: não ouvindo a pessoa "Copas", passa a escutar outros Espadas mais condenados ainda e a situação piora muito. Tem a sensação de estar totalmente sem rumo e perdido, como um sem-teto emocional. Nessa altura, não consegue pensar, agir, e vira um escravo de qualquer um que lhe dê atenção. Só terá muita sorte na vida se alguém de Copas lhe oferecer asilo emocional e o resgatar da prisão.

SETE DE ESPADAS

Consciência Supina: carta dos trapaceiros, ladrões e prejuízos. Cuidado com possíveis roubos na sua casa ou empresa e com quem você está fazendo ou prestes a fazer negócios. Perigo de vender e não receber. No amor, pode ocorrer traição. Sua saúde pode ser afetada.

Lado Favorável: ter a presciência de que você pode estar sendo roubado, trapaceado.

Lado Contrário: roubo, trapaça e enganação. Fique de olho na partilha da sua herança. Não confie em ninguém.

Trilha da Vida: a pessoa que for resgatada pelo Diabo, este o conduzirá a prejuízos ainda maiores e lhe usará como bode expiatório, "laranja" da situação. Nessa fase, poderá roubar até a própria família.

OITO DE ESPADAS

Consciência Supina: cegueira mental e intelectual. Incapaz de agir sozinho e pensar com clareza. Diferentemente da história narrada na Carta Enamorados, em que a pessoa se faz de louca, nessa carta há confusão mental.

Lado Favorável: procure o mais rápido possível resgatar a harmonia, o equilíbrio e a paz mental.

Lado Contrário: desarmonia interior, mente perturbada, beirando a loucura e tensão.

Trilha da Vida: pessoas que foram altamente escravizadas emocionalmente acabam tendo ataques nervosos em determinadas épocas do ano. Frases mais ouvidas: durante o primeiro semestre, sou a melhor vendedora da empresa, mas, no segundo semestre, chega uma depressão muito forte e acabo sendo internada e esse ciclo se repete por anos. Podemos compreender que esse trauma do passado foi causado pelo Arcano Diabo, no amor ou nos negócios, e precisa ser tirado do inconsciente da pessoa por um legítimo Rei ou Rainhas de Copas.

NOVE DE ESPADAS

Consciência Supina: carta que traz a ciência de problemas de difíceis soluções, provocando desgosto, amargura, infelicidade e circunstâncias tristes. Risco de enfermidade. No amor, rompimentos, períodos conturbados e até divórcios. Já nos negócios, perdas materiais e gastos inevitáveis.

Lado Favorável: solucionar o mais breve possível seus problemas.

Lado Contrário: obstáculos de todo tipo, problemas causados por mal-entendidos.

Trilha da Vida: os problemas, que eram antes mentais, agora já se somatizam no corpo da pessoa, tornando-a doente fisicamente.

DEZ DE ESPADAS

Consciência Supina: a imagem diz por si mesma, fracasso, desastre repentino. Há possibilidade de se aprender com a dor e crescer com os seus erros, com melhora da situação.

Lado Favorável: último período de caminho fechado.

Lado Contrário: aflição e instabilidade psíquica.

Trilha da Vida: aplica-se para aqueles filhos que estavam em outros naipes, principalmente no Copas, e tendo sucesso, e voltam antes do tempo ao Naipe Espadas. Por exemplo: por influência da mãe Copas, o filho se tornou um megajuiz, um megamédico, uma megadiplomata; ou da esposa que transformou o marido em executivo, gerente-geral. Havendo o afastamento da mãe ou esposa, que eram ótimas conselheiras, e passando a ouvir pessoas de Naipe Espadas, irá perder seu cargo na diretoria, deixará de ser um mega profissional, para virar um pé na areia, pessoa de profissões primárias e humildes.

VALETE DE ESPADAS

Consciência Supina: carta do observador, "espião", pessoa que investiga a vida de outra pessoa, um "stalkeador" (perseguidor obcecado). Até mesmo o fiscal do imposto de renda que pode averiguar sua movimentação financeira. Cuidado! Você está sendo observado, vigiado.

Lado Favorável: pesquisador e buscador da verdade.

Lado Contrário: obsessão e deslealdade.

Trilha da Vida: é o jovem que está aprendendo a ver a vida pelos olhos corretos por meio de alguém de Copas, como, por exemplo, a mãe ou a namorada consertadora (curso Carma do Amor, veja em nosso site). Continuando ao lado da pessoa "Copas", terá sucesso na vida, podendo ser jogador da seleção de qualquer esporte ou país. Mas, ao lado de pessoas erradas, não jogará nem na terceira divisão do seu esporte e será mais um talento perdido entre milhões.

Vamos verificar mais um exemplo enriquecedor: Pedido de Socorro da Diretora de Multinacional.

A pessoa Naipe Espadas que perdeu a grande conselheira: mãe Naipe Copas.

Mestre, depois da morte da minha mãe, sinto que perdi meu pilar de sustentação, estou perdendo o jogo para a minha mente, estou com sintomas de depressão e Síndrome do Pânico, pode ser um novo *Burnout*... Antes, eu era tão forte espiritualmente e não me reconheço mais. Acho que perdi minhas inspirações boas e estou perdida em pensamentos ruins. Não posso tirar férias agora, pois tenho grandes lançamentos para fazer, talvez eu consiga tirar no fim de abril, mas não sei se vou aguentar até lá. Estou rendendo pouco no trabalho, pouco criativa, muitos estão ganhando força na empresa em cima da minha fraqueza, não tenho vontade de lutar (antes eu era uma guerreira profissionalmente), e só tenho vontade de pedir a conta!

Minha terapeuta indicou um psiquiatra, que me receitou remédio para depressão, mas acho que meu problema vai além, e não somente psiquiátrico.

Resposta da Ordem: Bom dia, amiga! Ótimo estar tomando remédios com receita médica! Continue e faça todo o tratamento que seu médico recomendar! Logo, os efeitos ajudarão muito. Nessa fase, após o falecimento da sua conselheira Copas, você está perdida no Naipe Espadas – muito ruim – VESPA (ver, escutar, sentir, pensar e agir) totalmente autodestrutivo. Caso não busque ajuda em Copas, você poderá perder seu alto cargo e cairá na vala comum das pessoas Espadas.

Você precisa urgentemente de alguém Copas que saberá ajudar no controle dos seus cavalos (Carta Carro com sentimentos descontrolados). Eu estou distante e você precisa de um contato intensivo. Tenho uma pessoa da nossa Ordem para lhe indicar aí na sua região: Copas legítima. Vou lhe passar o contato. Vai ajudá-la no controle dos cavalos desordenados. Enquanto isso, como se autoajudar? Pensando distante de si mesma; sugerindo, a cada situação vivida, o que você diria para sua filha fazer; porque quando aconselhamos filhos ou alguém que gostamos, usamos a intuição. Comece dessa forma… hoje mesmo você vai falar com a mestra de sua região.

CAVALEIRO DE ESPADAS

Consciência Supina: é o que executa as tarefas mais difíceis, onde é necessário ter imparcialidade e ausência de emoções. A frieza é sua característica. Coragem, bravura e destemor são seus lados favoráveis. Preste atenção aos seus adversários, não faça novos empreendimentos e saiba esperar o momento certo. No cinema, seria o personagem 007, o famoso James Bond. É o mais fiel servidor da Rainha.

Lado Favorável: bravura, fidelidade, coragem e perspicácia.

Lado Contrário: falta de sagacidade e dependência.

Trilha da Vida: no trecho do filme, *Mãos Talentosas: A História de Ben Carson* (*Gifted Hands: The Ben Carson Story*), em que o médico precisa operar o cérebro das gêmeas siamesas, ele pensa inicialmente da maneira "Espadas": "Não vou conseguir, não sou capaz". Mas sua mãe Copas o socorre emocionalmente, dizendo: "Vai filho, você consegue!". O jovem médico se torna então o maior cirurgião do mundo. Quando um "Espadas" escuta um "Copas" se torna o maior do mundo. A imagem deixa bem claro, ele só é capaz de matar o dragão ouvindo o Naipe Copas. O dragão, que representa seus próprios sentimentos e emoções, o engolirá e o destruirá se ouvir sua própria natureza. Assim nasce o maior do mundo nos esportes.

RAINHA DE ESPADAS

Consciência Supina: carta da figura desfavorável em relações afetivas, causa conflitos e desavenças familiares. Frigidez. Costuma ser perceptiva e intuitiva em diversas situações, não admite a mentira. Possui poucos amigos, parece ser amargurada e insatisfeita, tem obsessão pela verdade, porém não confiável. Gosta de enganar os demais.

Lado Favorável: sábia, perceptiva, aprende com os outros.

Lado Contrário: melancolia, remorso e frieza.

Trilha na Vida: é a mulher que possui pleno controle sobre suas emoções e sentimentos, que fica mais centrada na razão, pois aprendeu muito com alguém de Copas, mas muito diferente da Rainha de Copas que é mais intuição. Pleno domínio sobre a matéria, contudo é muito superficial em assuntos espirituais. Sabe ler e avaliar bem as pessoas e dar a cada um o que merece, o que lhe cabe.

REI DE ESPADAS

Consciência Supina: na imagem, o dragão representa os sentimentos que o Rei aprendeu a dominar, e agora que pensa como Copas, utiliza seu dragão para assustar e manipular o sentimento dos seus súditos. Dentre os Reis, é o que possui mais poder. Justo com seus propósitos, mantém as emoções sob controle e não as deixa interferir no seu julgamento. Líder nato que possui mais características de um general do que de um governante. Traz a solução a problemas de difícil desfecho.

Lado Favorável: domínio, vitória, estratégia e liderança.

Lado Contrário: extremamente severo e injusto.

Trilha da Vida: agora, ele chegou ao máximo que poderia alcançar. Os políticos, geralmente presidentes de seus países, são grandes Reis de Espadas que souberam ouvir o Naipe Copas durante a fase certa da sua vida. Aprenderam o jogo da política, onde se faz tudo ao contrário do que sente e pensa para se vencer. Vejamos o exemplo, quando vazam vídeos, onde eles falam realmente o que pensam há grandes chances de se ocorrer problemas. Precisam de uma assessoria Copas, principalmente um Cavaleiro de Copas para consertar seus erros. O Rei de Espadas ataca os Reis de Ouros, taxando sua riqueza e, no caso dos Reis de Copas, rotulando-os negativamente. Podemos dizer que o Rei de Espadas sabe manipular todos os Espadas em prol da sua causa, pois aprendeu a sentir e agir como Copas, ou seja, a inteligência do Copas, sendo um Rei duplo ou triplamente coroado e que faz do povo o que quiser. Assim temos bons e maus exemplos.

COPAS

ÁS DE COPAS

Consciência Supina: carta que indica o primeiro passo ao caminho do conhecimento. Na imagem, vemos um professor, aquele que repassa o conhecimento da fonte, ensina os caminhos da aprendizagem com amor, sem ruídos. É um facilitador da comunicação. As pessoas do Naipe Copas são como água em um rio que contorna as pedras, não confrontando as mesmas. No amor, é considerado o princípio do afeto. Nos negócios e saúde, satisfações e benefícios.

Conecta-se com o elemento água, o qual governa as emoções, as relações, intuição, prazer e o amor.

Lado Favorável: pessoa harmoniosa, comunicação facilitada, abundância, fertilidade e alegria.

Lado Contrário: estar excessivamente centrado em si mesmo.

Trilha da Vida: crianças obedientes, com visão de futuro, e que ajudam seus irmãos Espadas a fazer tarefa. Ótimos parceiros e conselheiros desde criança. Existe o lado desfavorável porque os Copas sabem mexer nos sentimentos e emoções de todos os coleguinhas e conduzi-los positiva ou negativamente.

DOIS DE COPAS

Consciência Supina: harmonia e relação entre duas pessoas ou de amizade, sincronia. Pode ser uma amizade profunda, um amor terno e delicado.

Lado Favorável: afinidade, compatibilidade, conexão.

Lado Contrário: conflito, ciúmes e inveja.

Trilha da Vida: as crianças Copas sempre criam um clima de harmonia entre seus amigos e até ajudam os pais, evitando que eles discutam entre si. Geralmente são conselheiras do pai, da mãe, e acabam cuidando deles.

TRÊS DE COPAS

Consciência Supina: simboliza a presença de pessoas que trabalham ou se reúnem em harmonia. As semelhanças unem as pessoas, as diferenças as tornam fortes. Um aniversário e uma confraternização representam os momentos dessa carta com sentimentos profundos. Otimismo e solução.

Lado Favorável: final feliz, êxito, equilíbrio, cura e acordos.

Lado Contrário: exageros, o que era bom poderá causar dor.

Trilha da Vida: a pessoa "Copas" torna-se conselheira das amigas e sempre age nos bastidores, não gostando muito de aparecer. No caso de crianças, quando mal intencionadas, incitam as outras crianças Espadas a fazer "arte" e a brigar com os outros. Ou seja, usam da inexperiência emotiva do "Espadas" para fazer suas "artes" de forma terceirizada. Assim, nunca irão para a diretoria. Quando do bem, ajudam suas amigas com dificuldades nos estudos, protegem de maus conselhos dos seus adversários Copas contrários etc.

QUATRO DE COPAS

Consciência Supina: carta da moderação. Fartura gera exagero, que pode causar ideias equivocadas, sentimentos negativos, insatisfação.

Lado Favorável: abundância, reconsideração e crescimento.

Lado Contrário: excessos, ilusão, ingratidão, desânimo e desconfiança.

Trilha da Vida: é o primeiro teste que Copas vai passar, pois a pessoa compreende todo mundo e ninguém o entende. Então a pessoa "Copas" comete o erro de escutar a maioria "Espadas". É o mesmo que quem tem olhos passar a ouvir os cegos. Então o "Copas" poderá ser contaminado.

CINCO DE COPAS

Consciência Supina: carta do arrependimento. Falta de valorização às pessoas, às situações no amor, negócios e saúde o que provoca um isolamento do mundo exterior. Essa carta também pode indicar a perda de um amigo, divórcio exigindo superação da tristeza, busca do equilíbrio e correção dos erros.

Lado Favorável: esperança de melhora.

Lado Contrário: dor, luto e pesar.

Trilha da Vida: por ter desviado do seu naipe, a pessoa de Copas se arrepende. Agora, está vulnerável com a mente viúva. Nessa hora corre-se um risco, pois a sua vida poderá ser direcionada para qualquer lado. A única ajuda virá de outra pessoa "Copas" ou "Ouros", que devolverá você ao seu caminho. Caso encontre um "Copas" negativo, será totalmente destruído, como um inocente que anda no meio de malandros, que, no fim de suas ilicitudes, se darão bem, enquanto o "Copas", aqui, será o bode expiatório.

SEIS DE COPAS

Consciência Supina: carta que se refere às recordações e aos bons tempos: o passado pode te salvar! Pra quem não for Copas: cuidado para não ficar preso às lembranças do passado. Presença de vários obstáculos, obsessões, no amor, na saúde e nos negócios. Viva o presente, lembre-se do passado e sonhe com o futuro.

Lado Favorável: lembranças, nostalgia, sonhos e recordações.

Lado Contrário: angústia, inação e falta de interesse.

Trilha da Vida: a pessoa "Copas" lembrará do jeito que pensava antes. Situações de vida, às vezes, atendemos pessoas que eram Copas e foram destruídas pelas amigas ou filosofias Espadas no campo do amor, tornando-se totalmente desiludidas. Então comentamos a elas: voltem a ser como vocês eram antes da influência das más amigas (vestimenta, fala, hábitos alimentares, postura, ideias, companhias, músicas, programas de TV etc.). Lembrem-se da sua atitude VESPA (ver, escutar, sentir, pensar e agir) que vocês tinham antes e que foi destruída pela manada dos Espadas.

SETE DE COPAS

Consciência Supina: carta que envolve escolhas difíceis, sinal de alerta contra tentação e sonhos em excesso. Necessidade de recorrer à intuição, mantenha seus pés no chão.

Lado Favorável: esperança de que as coisas irão melhorar. Decida sair desse momento o mais breve possível.

Lado Contrário: tentação, utopia, vaidade, devaneio e contentamento.

Trilha da Vida: já recuperada, mas ainda meio contaminada, a pessoa "Copas" tem a seguinte escolha: sigo minha trilha, sentimental original ou me afasto da turma que me destrói? Seguindo a sua própria trilha pulará para a carta 9 de Copas. Caso escolha seguir a trilha das outras colegas, cairá na carta 8 de Copas e ficará presa ao Arcano Enforcado ou Ermitão durante um certo período ou a vida toda.

OITO DE COPAS

Consciência Supina: carta que indica a estagnação. Contratempos, preocupações, desilusões e tempos difíceis. Falta de motivação. Lembre-se da premissa de que não adianta chorar pelo leite derramado. Saia desse momento de estagnação em busca do despertar.

Lado Favorável: maturidade e amadurecimento para vencer a estagnação.

Lado Contrário: excesso de prazer, inquietação, momentos desagradáveis e fracasso.

Trilha da Vida: a pessoa "Copas" fez a escolha errada, ou seja, continua presa na manada do pessoal de "Espadas" que segue o Hierofante. Colherá choro e haverá ranger de dentes presa nos Arcanos Ermitão ou Enforcado.

NOVE DE COPAS

Consciência Supina: carta que indica bonança, crescimento econômico e satisfações em todas as áreas. Fortalecimento de uma união, alegria e felicidade ao seu alcance. Tudo aquilo perdido foi reconquistado. Desejos realizados.

Lado Favorável: satisfação, contentamento, prosperidade e virtudes.

Lado Contrário: não conseguir o que deseja, dificuldade na superação de obstáculos.

Trilha da Vida: momento de escolha certa! Agora, todos seus desejos sentimentais, emocionais e materiais serão realizados. Estará no seleto grupo das pessoas que conseguem realizar o que sentem e desejam. Enquanto os coitados do Naipe Espadas somente conseguem falar do que sentem e pensam, sem nunca concretizar nada.

DEZ DE COPAS

Consciência Supina: refere-se a ciclos finalizados, experiências concluídas, nomeada como a carta da felicidade. Cuidado para não achar que a felicidade é eterna, não se prenda a esses momentos como se fossem infinitos.

Lado Favorável: riqueza, progresso, abundância e plenitude.

Lado Contrário: falta de contentamento, dificuldade para aproveitar o momento, levando à depressão e à tristeza.

Trilha da Vida: a vida virou uma festa após sua escolha. Todos que estão ao seu lado na carta são as pessoas que escutam você, tendo uma boa vida. Caso queira seguir em frente para se tornar Rei, seu caminho está aberto.

VALETE DE COPAS

Consciência Supina: sonhador, porém com os pés no chão. Não esqueça de ouvir a sua intuição! Amável, compreensivo, imaginativo e possuidor de dons artísticos. Transmite tranquilidade, paz e disposição para servir aos outros.

Lado Favorável: tranquilidade, amabilidade, cortesia e docilidade.

Lado Contrário: preguiça, letargia, falta de idealismo.

Trilha da Vida: é um sonhador de Copas. Ele está no teste do Arcano Temperança, que lhe dará tudo o que sente e deseja, desde que na devida proporção do seu Métron (medida que é possível você ganhar dinheiro) e da sua real natureza. Necessário saber não ouvir o Diabo que faz você ter sonhos impossíveis.

CAVALEIRO DE COPAS

Consciência Supina: mais conhecido como o plantador de sentimentos. Talvez seja a imagem mais cômica do nosso Tarô. Um homem feio e esquisito que seduz mulheres lindíssimas. Essa história também se repete no mundo homossexual.

Dúvida: mas de onde vem essa força de sedução dele?

Simples demais, ele interage com as mulheres e, sem que elas percebam, planta os mais profundos sentimentos e emoções no coração e na mente delas... Uma arte perfeita.

Lado Favorável: considerado um ótimo marqueteiro, artista, produtor, ator, sempre atuando na área de humanas, porque ele mesmo diz: — Eu entendo tudo de pessoas... sei como manipular as emoções e sentimentos das mesmas e controlar como eu quiser... Por isso que ele produz um *marketing*, que quem não controla seus cavalos adentra muito fácil na cabeça: ele vende o sentimento de que viajar para tal lugar é o maior objetivo da vida, vende o sentimento de que tem que consumir tal produto etc. Em geral, altos lucros para quem o contrata...

Lado Contrário: domínio na arte de controlar as emoções que geram a prisão e destruição, amante infiel, sedutor, faz promessas sem medir consequências ao oponente.

Trilha da Vida: no amor, pode arrasar e destruir milhares de vidas, jogar mulheres no divã para nunca mais voltarem a ter paz mental. Muitas vão parar no 8 de Espadas, totalmente destruídas.

Veja depoimento a seguir.

Vamos analisar uma passagem clássica que mostrará seu "modus operandi", para finalmente sabermos por que ele é o mais lento dos quatro Cavaleiros.

A ARTE DA CONQUISTA DA PESSOA FEIA. E ME CHAMARAM PRA MATAR, NADA MENOS QUE... - A SUCURI DO AMOR!

Alerta a todas as pessoas belas: vocês que se fecham às pessoas alfas, não cometam o engano de baixar a guarda emocional diante da pessoa feia, pois o preço a ser pago será muito sofrimento...

Como um último recurso, sua sogra, pessoa cofundadora da Ordem, implorou para que falássemos com a recém-casada.

Então ela chegou e eu já fui direto ao ponto: — Vocês só têm três meses de casados e já querem se separar? Por que você brigou com seu marido?

Meio trêmula, narrou vários fatos, mas o principal foi que ela se sentiu trocada por um *videogame*. Então percebi que ali estava o "momento minhoca" (momento em que algum malandro ou malandra – Cavaleiro ou Cavaleira de Copas – planta um sentimento – um Cavalo de Troia – na cabeça da sua vítima a fim de abrir o processo de conquista para colher mais uma escrava sexual).

Agora pela análise semiótica oral, eu tinha que chegar até o "momento minhoca" para deixar tudo claro para ela e fui adentrando naquela mente: — Mas você já sabia que ele gostava de *videogame* desde antes de se casarem... Quem foi que te abriu os olhos para isso? Aposto que teve alguém que te falou isso e, então, você acordou para essa realidade, prestou mais atenção nisso...

Ela respondeu: — Foi o X que, aliás, foi padrinho de nosso casamento. Então eu pensei: Bingo! Identifiquei o dono do cavalo de troia, o Cavaleiro de Copas.

Nesse momento, seria a parte mais difícil, dar consciência a ela do processo de conquista pela manipulação de sentimentos, em que ela havia caído sem nem ter noção.

E falei: — Mas para ele falar isso com você, você devia estar sozinha com ele! – Ela disse: — Sim, estávamos sozinhos... Perguntei: — Onde vocês estavam?

Ela: — Eu estava sozinha com ele dentro do carro do meu marido...

Pensei comigo mesmo, que grande estratégia! – e fui aprofundando: — Mas como você foi parar nessa situação?

Finalmente a narrativa do momento fatídico, ou seja, do momento criado pelo Cavaleiro de Copas para pôr o cavalo de troia no coração dela... então a moça narrou a situação: — X, nosso padrinho, e a esposa dele nos chamaram para jantar fora, num restaurante muito fino, numa sexta-feira pela noite, e disseram que seria um presente deles pelo nosso aniversário de três meses de casamento... Durante o jantar, combinamos de continuar tomando vinho na nossa casa. Na hora em que fomos pegar os carros, ele falou para o meu marido: — Você precisa ter um carro igual ao meu – mostrando seu caríssimo carro zero km – e disse: — Vai dirigindo o meu carro com minha esposa até sua casa, enquanto vou dirigindo o teu carro com tua esposa.

Ouvindo-a falar, pensei: ele esperou anos por esse momento (mais lento dos Cavaleiros), soube esperar a hora, criar o momento certo e tirou um carro zero só para isso. Daí ela esclareceu: — Foi assim que eu fiquei sozinha com ele dentro de um carro.

E fiz ela contar como foi a conversa: — Então, depois de algumas conversas sobre a vida de casado, ele me perguntou: O que você fez no sábado de manhã? E eu respondi: — Fui fazer compras. Daí ele perguntou: Ele foi junto com você? Eu disse: — Não, eu fui sozinha.

Análise Semiótica Aquantarista: veja como ele conseguiu chegar ao ponto em que queria: ter a mente e o coração dela abertos e prontos para receber um cavalo de troia do amor, sem perceber!

E ele continuou perguntando: — Por que você foi sozinha? – Ao que respondi: — Por que meu marido ficou jogando *videogame*! – E então ele falou: — Ele deixou você ir sozinha? Só com três meses de casados? E ele trocou você por um *videogame*? Imagina! Acha que se você fosse minha mulher eu te trocaria por um *videogame* e iria te deixar sozinha, feito escrava, fazer as compras? Você não merece um marido desses! Ele não te valoriza, abusa de você! E você nem percebe isso. Mas vamos ficar quietos, não vamos dizer que eu falei nada. Aliás, eu não disse nada. Não quero abrir teus olhos e acabar com teu relacionamento...

E ela acusou o golpe emocional, dizendo: — Não sei por que, mas aquilo doeu em mim e, a partir daquele momento, odiei meu marido!

Então, depois de juntar todos os pontos, enxerguei toda a figura, como diria Steve Jobs. E eu lhe explicaria na continuação...

E a sequência foi ela chegar com a cara fechada em casa. Como era sexta-feira, e no sábado seu marido jogaria *videogame*, pelos cálculos precisos do Cavaleiro de Copas, a situação se repetiria, mas só que, agora, envenenada por ele, enxergaria a realidade toda deturpada e brigariam feio etc. Enquanto isso, o Cavaleiro de Copas tranquilo, só esperaria seu cavalo de troia, uma minhoca que pôs na cabeça dela, ir crescendo até se transformar numa sucuri e destruir todo o casamento, e trazê-la de bandeja para ele.

Sorte que o marido, Cavaleiro de Espadas, também conhecia o jogo do parceiro de Copas, e identificou o dono do cavalo, provocando o rebote, mas ela já estava cega, não era mais dona dos seus sentimentos, seus cavalinhos estavam disparados (Carta Carro), e só o Cavaleiro de Copas para acalmá-los...

Fiz a última pergunta: — Aposto que na segunda-feira seu amigo te ligou. – Ela disse: — Sim. E perguntou como eu estava. Disse que minha voz estava triste e sentia que eu havia brigado com meu marido, o ogro, que precisávamos conversar para ele me ajudar a enfrentar essa situação... – Perguntei: — Você foi almoçar com ele? – Ela: — Não. Porque meu marido me alertou que ele faria isso... Será que meu marido virou vidente? Mas eu não fui porque meu marido falou que eu estava caindo num joguinho. E meu marido, no domingo, havia brigado com ele por telefone, também.

Então eu lhe esclareci: — Ele conhece seu marido há anos e sabe que todo sábado de manhã ele joga *videogame*. E ali, ele achou um ponto fraco para poder usar contra o casal, na hora certa. O que ele aplicou em você foi o golpe do homem feio e ele esperou o momento certo para isso. Se ele agisse enquanto você fosse solteira, não daria o efeito esperado, porque você se separaria dele. Mas casada, não poderia se separar assim tão fácil, porque tem toda uma situação gerada, difícil de resolver. Acompanhe o meu esclarecimento: ele planta a minhoca na sexta-feira pela noite, no sábado você quebra o pau com seu marido, no domingo tudo piora. Na segunda-feira, ele te liga e pergunta: Tudo bem? Nossa, sua voz está triste! O que aquele ogro fez para você? Vem almoçar comigo. E, assim, ele que criou o problema, te vende a solução. Você está vulnerável e sente que a única pessoa que te entende no mundo é ele, pois ele fez você enxergar a verdade... (nesse momento, a minhoca que ele plantou virou uma sucuri que está enrolada em você desde a ponta dos pés, e acima da cabeça, pronta para te devorar).

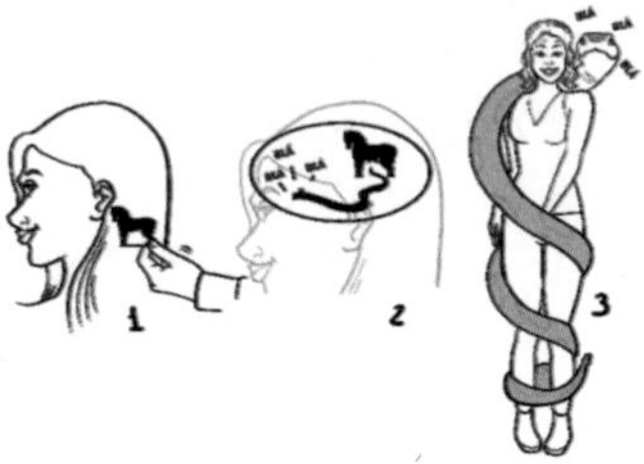

E continuei: — Perceba que ele irá te consolar, te envolver, e transar com você. Daí a tua vida estará nas mãos dele! O que ele decidir você fará: se separar do marido e ficar com ele, ou ele pode decidir que você continue com seu marido e continue amante dele, ou ele pode mandar você se separar dele e ficar amante fiel dele. E, então, o cavalo de troia destruiu toda sua capacidade mental e ele te escravizará pelo resto da vida...

Resumindo: conseguimos queimar o cavalo de troia, matar a sucuri e recuperar a vida dela...

Esse é só um exemplo do poder de um cavalo de troia na cabeça de uma pessoa. Escolhemos essa entre milhares similares e variáveis para mostrar como é o mecanismo de controle emocional externo que esse Cavaleiro de Copas possui.

Como é sua filosofia de vida amorosa?

Planta sentimentos errados para colher bom sexo com mulheres lindíssimas. Ele entende desse jogo de você plantar uma coisa para colher outra, só que pelo lado do mal.

Última dica que vem de uma fala entre pessoas de IDs Ativos (verifique nos Arcanos Maiores a explicação), que vira Ditado Popular: "O amor é uma flor roxa que você planta no coração do trouxa". Existem duas interpretações: a dos Cavaleiros e pessoas ID Ativas que sabem que o assunto é sério (verdade dos plantadores), e dos 98% do ID passivo, que acham graça e se fecham na verdade limitada do Ermitão, dizendo que esse ditado é uma piada e que não tem nexo... (verdade dos corações canteiros). E os plantadores aplaudem e dão apoio total à verdade dos corações canteiros... pois esses são a grande maioria... e melhor não os acordar. E os plantadores se fazem de vítimas no final da história...

Dúvidas de alguns estudiosos: qual foi a mulher mais famosa que era uma Cavaleira de Copas? Eu, sinceramente, não sei dizer, mas já ouvi dizer: uma provocou guerras, outra destruiu sociedades, e outra que encantou um cantor famoso de uma banda inglesa, mudando seus sentimentos e forma de pensar, arrancando-o de uma das mulheres mais belas do momento; Cleópatra, talvez a maior de todos os tempos, entre outras... Fica a reflexão. Você conhece alguém assim? Os Cavaleiros(as) de Copas assumem o controle dos cavalos da emoção da outra pessoa, geralmente "Espadas". Depois disso, a pessoa passa a ser dominada, fazendo tudo que o Cavaleiro(a) deseja e eles dizem: — Sou o chão que ela pisa, o ar que ela respira e o sol que a ilumina, sou seu tudo! – E a pessoa dominada vira o nada.

RAINHA DE COPAS

Consciência Supina: essa carta representa a força total do elemento água. A Rainha de Copas é considerada conselheira e curandeira genial, costuma agir mais com o coração do que com a cabeça. Possui beleza de espírito e atrai as pessoas de maneira favorável. Geralmente perde-se em si mesma, nas suas fantasias e sonhos. Não utiliza os seus instintos no mundo material, ficando mais tempo no mundo espiritual.

Lado Favorável: pessoa sensível que se baseia na intuição. Generosidade, paciência e sensibilidade.

Lado Contrário: falta de foco no mundo material e dificuldade para dizer não. Cuidado ao fazer confidências com essa pessoa.

Trilha da Vida: a Rainha de Copas é a grande conselheira das outras mulheres, pois possui grande intuição, mas, quando o assunto é referente ao mundo material, ainda lhe falta aplicar mais seus conhecimentos espirituais para si mesma diante de testes na matéria.

REI DE COPAS

Consciência Supina: único Rei que não faz questão de sua coroa. Seu reino está fora do mundo material. Não é julgador, nem aponta seus erros. Possui compaixão, a sua sabedoria fala direto do coração e todos ficam ao seu redor. Romântico e companheiro é considerado um ótimo conselheiro.

Lado Favorável: diplomacia, progresso, sensibilidade, sabedoria e maturidade.

Lado Contrário: vaidade, insegurança, indecisão, condescendência. Não acredite em tudo que ele fala!

Trilha da Vida: o Rei que não quer ser Rei, mas por necessidade do momento acaba exercendo a sua função. O Rei de Copas é bom para o seu povo e não deixa sua coroa material subir à cabeça, pois sabe que a coroa espiritual é a verdadeira e única. Como exemplos, temos: o Rei Davi,

King James – que foi um rei que governou a Escócia e a Inglaterra ao mesmo tempo. Realizou a tradução da Bíblia e conquistou a liberdade de se poder traduzi-la para a língua inglesa, e não ao latim, desse modo muitas pessoas puderam ter acesso ao Livro Sagrado.

Podemos dizer que o Rei de Copas simpatiza com todos os outros Reis e, de vez em quando, é atacado pelo Rei de Espadas. Sua melhor parceria é com o Rei de Paus e possui uma relação amistosa com o Rei de Ouros. Se esportista, o Rei de Copas é o jogador que só aparece nas finais, quando os naipes Espadas, aos quais sempre serve os melhores lances, se perdem nas suas emoções.

PAUS

ÁS DE PAUS

Consciência Supina: nessa carta há demonstração dos talentos desde cedo, sendo chamados de prodígios, gênios. Aplaudidos e amados por todos, geralmente desde a mais tenra infância. Os caminhos são abertos. Saúde, força, iniciativa e vitalidade. Precisam ter consciência de momentos de pausa e descanso.

Lado Favorável: dedicação, talento, descoberta e produção.

Lado Contrário: dificuldade no controle de suas energias, podendo chegar à exaustão, gênio indomável.

Trilha áuricas: a criança Paus nasce talentosa e, logo de imediato, desde a mais tenra idade, demonstra seus dons. Na imagem do Arcano, a criança parece dentro de um quebra-cabeça com peças faltando. Por quê? Os encaixes dessa peça serão trazidos por sua criação, amizades, e o próprio Naipe secundário de nascimento. Se tiver pais Copas, terá 90% de chance maior de se tornar um Rei de Paus do que a criança que tem pais Espadas.

DOIS DE PAUS

Consciência Supina: carta da união, caracteriza o momento ideal para relacionamento e amizades. Controle da vida nas mãos. A indecisão e a dúvida são os maiores problemas, há necessidade de planejamento antecipado para atingir o seu alvo.

Lado Favorável: união, colaboração e aliança.

Lado Contrário: desorganização da vida pessoal.

Trilha da Vida: nessa fase, a criança teve a sorte de ter pais Copas, ou padrinhos Copas, que lhe mostrarão o caminho certo, ou seja, o alvo a ser conquistado de acordo com o talento que a criança nasceu. Os pais Copas, de maneira sábia e sem forçar, a conduzirão a ser o melhor do mundo dentro do seu talento. Porém, caso a criança tenha pais Espadas ou Paus, estes poderão desviá-la do seu caminho. Como exemplo, a criança nasceu com dom para o futebol, mas o pai "Espadas" quer que jogue basquete, pensando que o talento se transfere para outro campo.

TRÊS DE PAUS

Consciência Supina: na imagem, vemos um jovem adolescente aproveitando os prazeres ao lado dos amigos que, na aparência, revelam-se como boas pessoas, parceiros, mas, na essência revelada na fumaça, acabam vampirizando o talento do atleta. O mais importante nessa carta é não permitir a influência de ideias de amigos e parentes próximos que são regidos pelo Naipe Espadas, pois causará desvio de caminho. Trabalhe em equipe, porém respeite a si mesmo.

Lado Favorável: equilíbrio físico e mental e negociação.

Lado Contrário: orgulho excessivo, deixar-se influenciar pelos outros.

Trilha da Vida: mostra a criança que é mal direcionada, quer seja pelos próprios pais, parceiros ou colegas que lhe vendem valores errados. Muitos colocam os prazeres da vida na frente das obrigações. Por exemplo, os melhores do mundo, Reis de Paus, dormem e acordam cedo para ter alta performance em seus esportes. Os que se aprisionam no 3 de Paus jamais serão considerados os melhores do mundo no seu devido tempo, porque não resistem aos prazeres da noite, prejudicando seus desempenhos durante os treinamentos e nos jogos.

QUATRO DE PAUS

Consciência Supina: carta da dúvida, a pessoa não sabe qual caminho escolher, porém precisa decidir o caminho a ser trilhado. Podemos compreender esse Arcano Menor também como o final de um ciclo e início de outro.

Lado Favorável: talento, parceria, aliança e sociedade.

Lado Contrário: hostilidade e desacordos.

Trilha da Vida: influenciado por pessoas Espadas ou devido à falta de contato com pessoas Copas que não lhe mostraram no Naipe 2 a direção a ser seguida, agora a pessoa fica em dúvida se continua no seu esporte ou se pratica outros. Em outras áreas, seria o ótimo aluno que começa a cursar uma faculdade, mas durante o curso quer fazer outro, sem nunca se formar. Essa é uma característica do Naipe Espadas ou influência de uma pessoa "Espadas" que não teve de conselhos de pessoas Copas na sua vida. Muitos atletas Espadas de renome mundial passam por este teste após a morte ou separação de seu suporte emocional Copas. Então vemos o número um do esporte cair de posição ou trocar seu esporte por outro: o número um do basquete indo para outro esporte, o número um do golfe despencando, entre outros exemplos.

CINCO DE PAUS

Consciência Supina: carta do conflito. Podemos entender o conflito externo como os obstáculos ou as doenças. Já o conflito interno é uma discórdia entre coração e mente (emoção e razão), há uma sensação de ataque advindo de todos os lados.

Lado Favorável: restauração, superação de barreiras e grande esforço.

Lado Contrário: ceder à tentação e impulsividade.

Trilha da Vida: a pessoa tem um estilo de vida totalmente voltado para o Naipe Espadas. Agora, não domina seus sentimentos, suas emoções, seu coração, sua razão, nem sua mente. Tem a carreira encerrada antes da hora, é o jovem talento que não vingou. Na formação de atletas, a cada 100 que são selecionados e levados para centros de treinamento esportivo o aproveitamento é muito baixo, de apenas 1 a

2 %. Se os dirigentes soubessem das maravilhas que são os conselheiros Copas, poderíamos multiplicar por 20 ou 30% o seu aproveitamento.

SEIS DE PAUS

Consciência Supina: superação de obstáculos, onde os esforços serão recompensados. Cuidado com orgulho e a arrogância, que podem fazer crer que somos melhores que os demais. Essa atitude pode gerar frustração e dor. Essa carta ensina manter o domínio das vaidades.

Lado Favorável: persistência, ganhos, benefícios e conquistas.

Lado Contrário: indecisão e orgulho.

Trilha da Vida: a criança bem direcionada desde a Carta Dois de Paus, caminha sobre as más influências do Naipe 3 de paus e demais, como quem anda em "perna de paus", como a flor de lótus que nasce da lama (curso Bhagavad Gita, segundo o Aquantarium).

Assista ao vídeo sobre o Bhagavad Gita. Acesse-o pelo QR Code a seguir. Aponte a câmera do seu celular para ele, ou visite o endereço: https://youtu.be/J2Q4QuDJaNA

SETE DE PAUS

Consciência Supina: carta caraterizada pela defesa do seu território. Você deve vencer o medo, transformá-lo em vantagem para confrontar o oponente. Se a oportunidade surgir, agarre-a!

Lado Favorável: determinação, vitória, força e sucesso.

Lado Contrário: indecisão, medo e bloqueio.

Trilha da Vida: ao sair do 2 de Paus e pular para o 6 de Paus, ou seja, escapando do 3, 4, 5 de Paus, pois foi bem conduzido pelo Copas, agora a criança chega ao 7 e ganha seu primeiro renome mundial. Vira um campeão e vai defender pela primeira vez o seu título. Mas cuidado para não cair no erro do 5 de Espadas! Alguns atletas se perguntam: foi muito difícil chegar ao topo, mas por que se manter lá é mais difícil ainda? Isso ocorre porque muitos atletas, depois de conseguir o primeiro lugar mundial, não conseguem o segundo, terceiro, quarto ou quinto, porque ficam comemorando muito, caem no 5 de Espadas e, ao mesmo tempo no 3 de Paus. Infelizmente, são os campeões de apenas um título. No lado artístico, temos os cantores de apenas uma música de sucesso etc.

OITO DE PAUS

Consciência Supina: possibilidade de seguir bons caminhos, colocando a vida em movimento. Essa carta necessita de uma decisão rápida, porém que deve ser tomada com prudência. Carta caracterizada por novos rumos em vista.

Lado Favorável: término, oportunidade, novos caminhos e planejamentos.

Lado Contrário: falta de controle das emoções, ansiedade e tensão.

Trilha da Vida: sabendo continuar ouvindo Copas, todos os caminhos se abrem e muitos títulos mundiais, contratos multimilionários, palcos e fama serão conquistados.

NOVE DE PAUS

Consciência Supina: portas e obstáculos podem ser atravessados, embora em alguns momentos é necessário ter cautela para alcançar a vitória.

Lado Favorável: perseverança e experiência.

Lado Contrário: despreparo e omissão.

Trilha da Vida: as portas e todos os outros campos se abrirão. Essa carta é o contrário do 4 de Paus, que não se sabe qual caminho escolher, nesse instante, ele é escolhido por áreas que nem imaginava. Vejamos o exemplo: ser apresentador, garoto-propaganda, dar palestras, pois muitas portas se abriram. A pessoa começa a ganhar prêmios, casas em condomínios, iates, porque a sua fama levanta qualquer empreendimento ou marca.

DEZ DE PAUS

Consciência Supina: momento em que muitas oportunidades aparecem, entre elas algumas inimagináveis, no entanto é impossível dar conta de tudo. Alivie sua carga e estabeleça prioridades.

Lado Favorável: comprometimento, competição, esforço e merecimento.

Lado Contrário: sobrecarga, reconsideração e insucesso.

Trilha da Vida: vindo as grandes ofertas do Nove de Paus, terá que ter a sabedoria de fazer as escolhas certas, caso contrário não terá tempo para mais nada na vida e terá que carregar muito peso. Como diz Steve Jobs, "a vida vai te oferecer muitas coisas boas, mas só dá tempo de fazer uma bem-feita". Tenha sabedoria de continuar com a mesma dedicação à sua atividade e aceite somente ofertas que não tomam muito tempo.

VALETE DE PAUS

Consciência Supina: carta representada por um jovem, no início de um projeto que faz uso de uma energia positiva para conduzir com êxito seus propósitos. Mensageiro que traz boas notícias.

Lado Favorável: sinceridade e devoção.

Lado Contrário: deslealdade e mensagens inesperadas.

Trilha da Vida: necessário um bom administrador para o seu dinheiro e fama, pois não tem tempo para cuidar de tudo. Há de ser alguém de confiança, tome cuidado para não colocar um "doido" que acabará com tudo. Em paralelo, representa o jovem que tem facilidade para ganhar dinheiro, contudo gasta mais do que ganha.

CAVALEIRO DE PAUS

Consciência Supina: representa energia, vitalidade, encantamento, entretanto de modo superficial. Sedutor e atraente, preocupa-se com sua aparência. Sabe fazer o uso das palavras e causa boa impressão. Destemido, gosta de viajar sendo atraído pela fama e pode ser considerado um homem alfa.

Lado Favorável: ousadia, superação e audácia.

Lado Contrário: esnobe, indeciso e prepotente.

Trilha da Vida: esse momento irá mostrar se ele se torna um homem Rei ou se continua um menino famoso, apenas um Cavaleiro. Assim, ele precisa demonstrar ao mundo que virou homem, que tem consciência, que fala dos problemas e causas mundiais. Caso somente defenda valores da juventude e mocidade, continuará a ser visto como um menino.

RAINHA DE PAUS

Consciência Supina: a Rainha mais popular, entusiasta, de físico atraente e afetiva. Energia que contagia, capaz de dedicar-se exclusivamente do início ao fim aos seus intentos. Natureza forte, com temperamento fogoso, não se sujeita aos demais, segura de si, sua potencialidade e de seus sentimentos, considerada uma mulher madura.

Lado Favorável: amiga, confidente e honrosa.

Lado Contrário: infidelidade e reservada.

Trilha da Vida: a menina que virou uma referência da fama com influência nacional e internacional. Tem características de Rainha de Copas e Ouros. É chamada de rainha pelo povo e seu reino se limita a sua área de atuação, artística ou esportiva.

REI DE PAUS

Consciência Supina: rei aclamado pelo povo, generoso, entusiasta e decidido. Gosta de ser o centro das atenções. Podemos considerá-lo como uma pessoa com ideias próprias e que gosta de as colocar em prática. Aberto a novas experiências, sua presença traz confiança.

Lado Favorável: liderança, empreendedor e progresso.

Lado Contrário: discórdias e disputas.

Trilha da Vida: a criança completou todo o quebra-cabeça do Ás de Paus, tornando-se Rei. Soube trilhar o Naipe Copas, ouvindo os bons conselhos, e voltar para a sua própria trilha no tempo certo. Será considerado maduro se continuar sendo rei sem o auxílio do "Copas" que o ajudou a chegar lá.

OUROS

ÁS DE OUROS

Consciência Supina: ligado ao elemento terra. Realização de projetos no mundo real, indica sinal de mudanças no que se refere à riqueza, dinheiro, presentes. Início de um projeto, abertura de uma empresa.

Lado Favorável: prosperidade, aquisição e abundância.

Lado Contrário: insegurança e hesitação.

Trilha da Vida: a criança "Ouros" é séria, não ouve as outras, tem ambição e já pensa no futuro longínquo. Tem bom relacionamento com outras crianças de Ouros e Copas. Não tolera muito as crianças Espadas, as quais lhe fazem *bullying*, pois são muito diferentes. É uma criança mais madura e não se incomoda com as infantilidades dos Espadas. Nada atinge o seu emocional, pois nasceu com controle total sobre seus sentimentos e emoções, geralmente são mais frias e fazem seus deveres de forma temperada. Podemos considerá-la um aluno nota sete, com visão técnica e humana da vida.

Vamos estudar o início da vida financeira de uma pessoa de Ouros.

Caminho do Rei de Ouros: o Ás de Ouros representa o início de uma *startup* onde três sócios começam um empreendimento. "A sorte está lançada!".

DOIS DE OUROS

Consciência Supina: vários projetos com início ao mesmo tempo. Busca do equilíbrio para lidar com diversas situações e volume de trabalho. Na imagem, a mulher não se importa de trabalhar por mais horas que o necessário enquanto as pessoas abaixo são escravas do relógio.

Lado Favorável: estabilidade e firmeza.

Lado Contrário: desorganização, dificuldade na escolha entre duas situações diferentes.

Trilha da Vida: a criança "Ouros" tem vontade de trabalhar e ganhar dinheiro desde cedo, já com cinco ou seis anos brinca com ferramentas de trabalho e pede para os pais a deixar trabalhar.

Trilha Empresarial: a carta 2 de Ouros identifica a diferença entre os sócios, quem é realmente Ouros e quem não é. Quem tem vocação para ser de Ouros se intitula "24/7" (*twenty four by* *seven* – pessoa que pensa no trabalho 24 horas durante os sete dias da semana). Veja mais explicações na Carta Força. Os sócios de outros naipes já são trabalhadores de seis horas por dia "6/24" e trabalham de segunda a sexta-feira, com hora de entrada e de saída, sendo que esses são 98% das pessoas no mundo. Nessa hora, é necessária a reorganização da estrutura da empresa, separando quem tem dom para ser patrão de quem não tem dom para ser patrão. Caso contrário, a empresa não passará desse faturamento.

É a carta que também vai testar se você é pessoa objetiva e não se envolve com emoções baratas, Arcano do equilíbrio no mundo de Ouros. Vamos exemplificar tais fatores: o teste espiritual de separar empregados de patrões. O empresário do ramo de metalurgia estava carregando o seu caminhão para entregar as esquadrias metálicas (portas e janelas). Estava empolgado porque a empresa estava se recuperando e aquela entrega significava tirar a empresa do vermelho e passar para a situação tranquila economicamente. Até os funcionários estavam alegres com a alegria do patrão. Porém o futuro genro (2 de Espadas) resolveu dar um toque negativo de Espadas na situação. – Inesperadamente, disse: — O relógio já bateu seis horas. Tá na hora de parar de trabalhar. Vamos terminar de carregar o caminhão amanhã! – O empresário disse: — Só faltam 15 minutos para acabar de carregar o caminhão e o motorista já sai para a viagem! Por sorte, os outros funcionários não deram ouvidos ao 2 de Espadas e alegremente continuaram a carregar o caminhão. Conversando comigo, o empresário disse: — Se eu morrer e a empresa ficar para o meu futuro genro, a empresa quebra em uma semana, pois ele é desagregador. Será que ele não enxerga que tudo vai ficar para ele? Ele pensa como quem só trabalha pelo relógio, nunca para a empresa. Quando sai meia hora mais cedo, acha bom, mas quando precisa ficar mais 15 minutos se considera escravizado, diz que estamos sugando o seu sangue, mesmo sabendo que aqueles minutinhos as mais serão pagos como hora extras ou descontados no banco de horas!

Outro caso análogo: dois irmãos herdaram a empresa do pai. O que tem dom para patrão trabalhador, primeiro paga a todos os empregados, depois todas as faturas da empresa, recolhe todos os impostos, retira o seu pró-labore (às vezes menor do que os funcionários) e reinveste na empresa tudo o que pode, além de não ter 13º, nunca tirar férias e só viajar a negócios. O irmão com vocação para empregado diz: — Não é justo eu não ter o meu 13º, não é justo eu não ter 30 dias de férias, não é justo eu não ter horário para cumprir, eu ter que ficar aqui até altas horas na empresa. Para evitar transtornos, o irmão patrão trabalhador deixa o outro com vocação para empregado da casa 2 de Espadas exercer seus direitos. Os megaempresários (Reis de Ouros), se gabam de que há mais de 50 anos não tiram férias, no máximo, uma semaninha ao ano, pois se sentem inúteis e com vergonha de ficar parados, à toa. Se você não tem vergonha de ficar parado, você não tem vocação para ser um Rei de Ouros. Um verdadeiro Rei de Ouros, até de domingo, arruma coisas para consertar ou fazer em casa. – Eles dizem: — Eu não consigo ficar parado em casa, vendo televisão – eu me sinto mal, fico parecendo um vagabundo – eu preciso arrumar algo para fazer! Portanto o 2 de Ouros vai dizer qual a sua verdadeira vocação.

Caminho do Rei, Dois de Ouros: os sócios da *startup* começam a mostrar seus verdadeiros naipes. Só um será o Rei de Ouro! E o rei deve tirar os outros dois da sociedade.

TRÊS DE OUROS

Consciência Supina: desenvolvimento na carreira de forma satisfatória. Cooperação com a equipe para atingir o sucesso por meio de um objetivo em comum. Necessário ter rotina, organização, seguir o passo a passo, ou seja, planejamento para atingir suas metas.

Lado Favorável: prêmio, reconhecimento do trabalho e do talento, construção.

Lado Contrário: inexperiência, descumprimento de combinados, falta de ambição e atrasos.

Trilha da Vida: aparecem três competidores em um pódio. No primeiro lugar, temos uma vencedora, abandonando seus oponentes. Nessa fase, o empresário descobre que seu trabalho é prazeroso, é um passatempo. Da mesma maneira que aquele aluno estudioso, que gosta mesmo de estudar e descobre que o estudo é o seu passatempo. Nesse ponto, as recompensas surgem. Repare no ciclo: no Às de Ouros, surge a ideia que faz o empresário correr atrás do que precisa. No Dois de Ouros, o empresário trabalha duro, se esforça, porém ainda não sente o prazer porque não conhece os atalhos (e vive cercado de pessoas do Arcano Espadas que o desanimam). Depois, por persistência, ocorre a "endorfinação" (mesmo cansado, continua seu trabalho, ou a atividade física, que o seu organismo libera a endorfina – você deixa de sentir dor e consegue terminar o que estava fazendo). Nesse instante, os Arcanos Espadas (empregados complicados) foram afastados e os Arcanos Ouros (Valetes de Ouros) começam a ficar do seu lado e os bons clientes começam a chegar.

Dúvida: qual a diferença entre você estar na carta Às e Dois de Ouros em comparação à de Três de Ouros?

Na Três de Ouros, você já passou pelos testes dos Arcanos Maiores, enquanto nas outras duas cartas anteriores, não. Por exemplo: uma pessoa recebe um dinheiro e quer ser empresária, cometendo o erro de querer começar pelo Arcano 3 de Ouros. Ela se inspira em um parente ou conhecido, tentando imitar o outro, que já possui direito a ter Valetes de Ouros trabalhando para si. Ela pega seu dinheiro, monta uma empresa igualzinha à do outro empresário, no mesmo shopping ou no mesmo bairro. Copia tudo do outro, até as estruturas dos funcionários, todavia não percebe que os seus funcionários são 2 e 3 de Espadas, enquanto os do outro, Valetes de Ouros. O imitador quebra e nem sabe o porquê. Ninguém nunca lhe disse antes, porque faltava conhecimento.

Existe uma parábola que ilustra essa passagem. Um milionário queria comprar um antigo castelo, porém o dono se recusava a vendê-lo. Depois de muitas tentativas, inclusive de pagar uma exorbitância pelo imóvel, finalmente mudou de ideia. Construiu uma réplica perfeita daquele castelo. Ficou todo orgulhoso, pois, agora, na sua cabeça, era dono de um famoso castelo. Um dia resolveu convidar o mordomo do antigo castelo para visitar o seu. O mordomo foi visitar o local. No fim, o imitador lhe disse: — Esse castelo não é igualzinho o outro, em tudo? – O mordomo falou: — Em todos os detalhes é igual, mas falta uma coisa que o outro tem. O milionário perguntou: — O que tem o outro castelo que este ainda não tem? – O mordomo respondeu: — Só está faltando para este castelo 600 (seiscentos) anos de história! Agora dá para entender a diferença entre o 3 de Ouros para os Arcanos anteriores: Às e 2 de Ouros? Para estes dois primeiros falta ainda a bagagem, por isso, não tente imitar o 3 que você quebrará a cara! Para você, chegarão para trabalhar os impuros, e mesmo se chegar o Valete para você, ele não se portará como Valete.

Dúvida: quanto tempo eu levo para chegar ao 3 de Ouros? Resposta: no mínimo, sete anos de experiência.

Caminho do Rei, Três de Ouros: saber esperar pelo tempo de maturação da empresa.

QUATRO DE OUROS

Consciência Supina: marca a presença de uma ganância financeira obtida por próprio mérito do trabalho ou por uma herança adquirida. A avareza aguça a cobiça e o egoísmo. Recusando-se a ajudar outras pessoas que necessitem, pode haver a perda de amigos, além do medo de ficar pobre.

Lado Favorável: acúmulo de riquezas.

Lado Contrário: limitação, perdas ou obstáculos.

Trilha da Vida: aparece um homem escondendo dinheiro em um cofre no chão. É a carta do "muquirana", do avarento. O acúmulo de riquezas ocorre e a hora do amansamento do bode está chegando. Nessa fase, a pessoa está sendo recompensada com a Roda da Fortuna e tudo o que faz aqui no mundo material dá certo. Ocorre a batida no teto do Métron. Nesse momento, o empresário bem-sucedido começa a enterrar seu dinheiro, pensando apenas em multiplicá-lo: compra casas, ações, carros etc. O empresário se torna ganancioso, pois tem segurança financeira e quer cada vez mais melhorá-la.

Caminho do Rei, quatro de ouro: não enterre seu dinheiro, reinvista-o em melhorias na empresa.

CINCO DE OUROS

Consciência Supina: essa carta indica perda de riqueza material, pobreza geral, doenças, desemprego, possível solidão. Momento de cobranças que diminuem excessivamente suas riquezas.

Lado Favorável: rever seus valores para entender o que está ocorrendo em sua vida. Mantenha suas economias. Saia dessa carta o mais rápido possível.

Lado Contrário: prejuízo, desperdício, apego aos bens materiais, orgulho.

Trilha da Vida: aparece um homem andando em uma floresta ao lado de um bode, que representa a perda de suas riquezas, pois as moedas são levadas pelo animal, cobranças a serem recebidas.

É importante salientar que o bode pode quebrar a empresa, pois as cobranças materiais chegam, clientes que não pagam, faturas em aberto, materiais que chegam com defeitos, funcionários problemáticos. Além disso, o empresário pode apresentar problemas na sua casa, com a sua família.

As pessoas que quebram e reerguem os negócios e depois, voltam a quebrar e se reerguer, não conseguem romper os limites desse Arcano.

Caminho do Rei, Cinco de Ouros: aprender o segredo da caridade da Carta Sol. Se você não fizer as caridades corretas, não crescerá além disso; ou crescerá mediante muito sofrimento dos seus familiares (vide curso do Carma Empresarial).

SEIS DE OUROS

Consciência Supina: uma vez que você sai da escuridão, solidão, pobreza, deve ajudar o próximo. Ajudar o próximo a se levantar, doar seu tempo, sua sabedoria, além do seu dinheiro em prol de algo maior.

Lado Favorável: ascensão, caridade, abertura de caminhos e colheita de bons resultados.

Lado Contrário: prosperidade ameaçada, falta de reconhecimento e caminhos fechados.

Trilha da Vida: na imagem aparece o empresário que aprendeu a fazer a caridade (doação), ou seja, um homem distribuindo moedas materiais (esmolas), enquanto as suas moedas pessoais ficam representadas dentro de um baú. O empresário deve saber praticar a caridade correta (aos pobres necessitados – asilos, orfanatos etc.), dar prazer a si mesmo e ajudar no templo de sua religião. O empresário também precisa aprender a fazer a caridade de vegetais, de rolinhas ou pombinhos e a do boi, para que o bode (de aparência feia) que lhe destruiu no Arcano 5 agora possa ajudá-lo a partir do Arcano 6.

Caminho do Rei, Seis de Ouros: aprendeu o jogo das caridades corretas, o segredo das fundações que grandes empresas têm e que lhes garante sorte e sucesso.

SETE DE OUROS

Consciência Supina: essa é uma carta dualista, pois reflete a dúvida de se manter o que tem sem correr riscos ou arriscar e adquirir mais riquezas, podendo perder tudo.

Lado Favorável: otimismo, ganhos, expansão e planejamento.

Lado Contrário: ansiedade, incapacidade e impaciência.

Trilha da Vida: nova mudança de Métron (sua medida de ganhos materiais). Observamos na imagem um piloto de aviões que permanece em dúvida, continua a pilotar aviões agrícolas ou aceita o novo convite de trabalho para pilotar um Boeing.

Agora, o empresário não sabe se fica com o que já possui ou se arrisca a ir para um novo desafio: sair do Métron do bode e ir para o Métron do touro, começando a enfrentar o lado negativo do touro, o que se comprova no Arcano seguinte. E aí, o que você faria? Ficaria com essa vitória do Sete de Ouros ou arriscaria ganhar ou perder tudo mais adiante e virar um Rei?

Lembre-se de que para dar esse passo é preciso uma reforma íntima e uma reforma externa para se prosseguir, é necessária uma mudança de valores. Sabemos que, para chegar até aqui, múltiplas mudanças internas e externas já ocorreram. Na mesma situação do Sete de Ouros, se encontra a dona da pousada que se contenta com o número de chalés que possui e se recusa a construir outros, dizendo: — Os que eu tenho já são o suficiente para o meu sustento e de minha família. Se eu ampliar, terei problemas administrativos.

Caminho do Rei, Sete de Ouros: parto para nova mudança de Métron (faturamento) ou não? Viro uma multinacional ou paro onde estou? Esse é um teste de pura intuição que foge à razão. Nessa fase, ele não mais trabalha por dinheiro, pois o que tem é mais do que suficiente para três gerações viverem muito bem, mas para ajudar o mundo em que vive, gerar riquezas diversas.

OITO DE OUROS

Consciência Supina: carta do trabalho duro, do "aprender fazendo". Demonstra a dedicação, a concentração, o trabalho com amor, trazendo-nos segurança material e econômica.

Lado Favorável: oportunidade, aprendizado e estudo.

Lado Contrário: caminhos equivocados, preocupação, ansiedade excessiva e cuidado com o ego.

Trilha da Vida: a carta mostra um homem fazendo uma apresentação do seu trabalho que gerou frutos e muita prosperidade. Agora, ele faz a caridade do boi (de 7 a 10%) de forma correta para a sua atividade. O empresário passou por uma reforma íntima muito grande. Sabe que o Arcano Hierofante o ajudou nessa fase. Nesse momento, seus valores espirituais são mais elevados, ele ajuda materialmente o seu templo, por exemplo.

Vale ressaltar que, nessa hora, muitos empresários mandam construir templos para sua proteção e de sua família. Veja os exemplos: o megaempresário católico (filho de São José) manda construir uma igreja na sua cidade para toda a população. O cantor sertanejo (filho de Lázaro) manda construir um pavilhão no hospital do câncer em Barretos, tudo ardendo no seu bolso para dar suporte ao seu santo aqui na Terra e manter o boi ao seu lado, evitando mortes e doenças na família. O judeu constrói um templo novo, de milhões de dólares, para o seu rabino – a fim de agradar o seu anjo e dar uma casa para ele se assentar na Terra.

Caminho do Rei, Oito de Ouros: agora, ele criou um produto que ajudará o mundo, como fazem hoje em dia os bilionários do mundo digital.

NOVE DE OUROS

Consciência Supina: número da perfeição e finalização. Demonstra solidez econômica, segurança e conforto, após trabalho e esforço. Responsabilidade e disciplina para administrar os bens.

Lado Favorável: investimento, gestão e satisfação interna.

Lado Contrário: obstáculos, perdas de amizades e decisões precipitadas.

Trilha da Vida: a imagem representa um empresário em seu avião particular fazendo diversas viagens pelo mundo dos negócios. Nesse momento, seu dinheiro chega como uma sinfonia, o empresário possui o poder de abrir e fechar o caminho dos outros, tem a intuição completa, o *feeling* completo, a visão além da realidade. É capaz de prever o que vai dar lucro e estar na moda daqui a dez anos e se adiantar perante a concorrência devido a sua experiência no ramo. A alma está na

Temperança. Porém ainda falta algo a conquistar na matéria para ser um Rei, o que se reflete na carta seguinte.

Caminho do Rei, Nove de Ouros: agora, ele vira o próprio Sol que ofusca com seu brilho quem o olha. Falta pouco para ser um Rei.

DEZ DE OUROS

Consciência Supina: representa as conquistas segurança, felicidade e sabedoria. Como fazer uso de tudo isso na sua vida material. Não se esqueça da importância de deixar as conquistas materiais e sua sabedoria para a geração seguinte.

Lado Favorável: herança, prosperidade econômica e riqueza.

Lado Contrário: problemas contínuos, desgosto e letargia.

Trilha da Vida: aparece a imagem de um empresário ao lado de seu filho em seu empreendimento. Agora, é hora de passar a herança de Métron, o momento de parar está próximo, é preciso deixar o conhecimento e a bagagem para alguém. Aqui se decide se sua natureza será a de um Rei de Ouros (aquele rico que se salva e vai para o Céu) ou de uma Rainha de Ouros (aquele que quer continuar rico depois de morto e continuar influenciando na vida dos familiares encarnados, mesmo depois de desencarnado). Na carta dez, a sabedoria é deixar sua fortuna para a pessoa preparada.

Caminho do Rei, Dez de Ouros: agora ele orienta seu sucessor para continuar sua obra, preparando para quem deixar seu Métron de herança.

VALETE DE OUROS

Consciência Supina: carta do funcionário do mês, dedicado ao trabalho, não se contamina por ideias e comentários de colegas Espadas. Jovem com mente madura, trabalhador inteligente e administrador nato que faz uso da intuição e obtém êxito sem correr muitos riscos.

Lado Favorável: ideias brilhantes, estudo e mudanças.

Lado Contrário: notícias desfavoráveis que atrapalham o caminho e incapacidade.

Trilha da Vida: representa o jovem, cheio de vontade, no seu primeiro dia de emprego. No início, ele quer mostrar serviço e alta produtividade. Daí que vem o grande teste para ele passar e se firmar no Naipe Ouros em sua vida profissional. Ele ouvirá dos bons colegas de serviço incentivos e bons conselhos: "Para ganharmos dinheiro depois, primeiro a gente tem que fazer os outros ganharem dinheiro. Procure produzir bastante, aí logo você será promovido. Você tem que vestir a camisa da empresa!"; como também ouvirá maus conselhos de outros (geralmente Espadas): "Trabalha devagar aí, não deixe a empresa te explorar! Já deixa seu material arrumado 15 minutos antes do horário final. Não deixe eles sugarem teu sangue! Vai devagar aí porque você é nova aqui! Não caia na besteira de aceitar promoção, porque vão jogar muita responsabilidade nas suas costas, você é novo e precisa aproveitar a vida, não se torne um escravo do patrão!". Ouvindo os bons conselhos, caminhará para ser um Rei. Ouvindo os maus colegas, caminhará para os mais baixos cargos e salários.

Caminho do Rei, Valete de Ouros: saber reconhecer um bom Valete de Ouros e o apadrinhar.

CAVALEIRO DE OUROS

Consciência Supina: obtém êxito em todos seus empreendimentos, golpes decisivos e implacáveis, trabalhador dedicado e servidor leal. O diretor executivo, o cumpridor de promessas, responsável, executa o trabalho até o final.

Lado Favorável: dedicação no trabalho garante bons ganhos materiais e excelente satisfação profissional e resistência.

Lado Contrário: arrogância, autoritarismo e excesso de autoconfiança.

Trilha da Vida: a imagem mostra um funcionário de alto escalão da empresa em uma palestra demonstrando seu real conhecimento e domínio sobre o seu trabalho. Considerado o braço direito de todos os Reis, que executa com competência as tarefas mais difíceis, sem precisar ser incentivado, pois domina suas emoções: cavalos e dragões.

Caminho do Rei, Cavaleiro de Ouros: para você ser um Rei bilionário, seu Valete de Ouros tem que ser um milionário.

RAINHA DE OUROS

Consciência Supina: rainha da fertilidade e da colheita. A mais humilde das Rainhas, bastante rica no sentido material, mas seu lado amável e generoso é muito mais superior. Ela oferece solidez aos negócios e está centrada na família.

Lado Favorável: criatividade e habilidade para os negócios.

Lado Contrário: desconfiança, insegurança e dependência.

Trilha da Vida: a figura mostra uma legítima rainha fazendo suas doações de afeto e dinheiro aos mais necessitados. Geralmente é esposa de algum dos quatro Reis e dedica sua vida a fundações, que protegem pessoas, meio ambiente, procurando promover bem-estar social. Em alguns países, a primeira-dama tem essa função. Devemos entender que a figura Rei ou Rainha independe de ser masculina ou feminina. As Rainhas podem ser homens e os Reis, mulheres.

Caminho do Rei, Rainha de Ouros: deixe sua esposa cuidar da parte filantrópica e espiritual da empresa.

REI DE OUROS

Consciência Supina: carta de grande estabilidade econômica, riqueza em abundância. O Rei de Ouros não gosta da fama, tem preferência pelos bastidores, por velhos métodos de pensar e de fazer as coisas. Trabalho é o seu nome. Segundo este, métodos tradicionais funcionam melhor, o que gera apego ao antigo. Hora de diminuir os riscos nos negócios.

Lado Favorável: segurança, desenvolvimento e investimento.

Lado Contrário: perversão e malvado.

Trilha da Vida: representa os homens mais ricos do mundo pelo fruto do próprio trabalho. Souberam vencer todas as etapas do Naipe Ouros. Evitando as cartas ruins, ou caindo nas ruins e logo se recuperaram. Na imagem da carta, temos a própria Deusa da Fortuna que lhe dá um toque de Midas, pois tudo que toca vira ouro. As indústrias ao fundo e seu trono mostram as suas conquistas e riquezas. O entendimento dele de Deus é filantrópico (doa para formar boas pessoas, para pôr ordem neste planeta, por isso doa para o homem) enquanto o entendimento de Deus do Rei de Copas é espiritual (doa preocupado com o futuro da sua alma, por isso, doa para Deus).

Caminho do Rei de Ouros, o próprio: agora, sim, com todos esses pré-requisitos, estamos diante de um legítimo Rei de Ouros.

TARÔ SUPINO: COMO JOGAR COM OS ARCANOS MAIORES

Temos duas formas de se jogar essas cartas:

a) Jogo tradicional – com perguntas no presente e respostas no futuro

Na maneira tradicional e consagrada da Era de Peixes, como ensinado em todos os grandes tarôs clássicos: Marselha, Egípcio etc., podendo dispor das presentes cartas como nos moldes ensinados nesses tarôs, ou outro que seja do seu costume, sem nenhum problema, a fim de familiarizar-se com as imagens.

Nessas práticas, temos o consulente fazendo a pergunta oral ou mental, usando quem pergunta o tempo presente e quem responde (o Mago), a carta do futuro, deixando tudo imutável. Quem tira as cartas é considerado intermediário ou instrumento entre a pessoa consulente e o Mundo Magnético.

b) Jogo Supino – com perguntas no Supino e respostas no Supino

Devemos nos lembrar que o Tempo Supino se situa entre o presente e o futuro, constituindo-se no Quarto Tempo, tempo de suposição. Por isso, as perguntas são no Supino e as respostas no Supino. Tal prática ainda é inédita em nosso planeta em pleno Terceiro Milênio, século XXI.

Primeiro passo para se sintonizar com o Tempo Supino:

Ler todos os Arcanos Maiores e ter consciência de que lado bom ou mau deles sua vida está neste momento.

Ao ter certeza de que seja a força desse Arcano (favorável ou inversa) que rege o atual momento da sua vida, segurá-lo com sua mão direita sobre o peito, refletindo por 1 a 3 minutos sobre toda a situação e, depois, por esse Arcano no topo da mesa ocupando a carta número 1. Antes de colocar essa carta reflita, pense em como você chegou a esse Arcano. Pense também em um Nome Supino, algum pseudônimo como os autores desta obra.

Você pode jogar de forma individual, ou seja, para si mesmo; outra pessoa pode auxiliá-lo jogando para você; ou pode pôr as cartas para outra pessoa. Essa é a forma individual. Também pode ser jogado em grupo, com a energia coletiva de todos, como companheiros de equipes ou de mesma regência de Arcano Maior, melhor dizendo, pessoas que estão presas no lado desfavorável de um Arcano Maior. Vejamos o exemplo: cinco mulheres que sofrem no Arcano dos Enamorados, nesse caso é possível ser tirado um conselho geral a todas, pois a força do grupo ajuda, e muito, na recuperação. A carta é posta por você mesmo ou pelas pessoas do grupo de forma unânime.

Arcano Enamorados (de cabeça para baixo, porque elas sofrem por amor). Sugerimos que em grupo sejam discutidos os problemas comuns e a análise dos mecanismos que levaram cada pessoa a tal situação, para dar maior Consciência Supina uns aos outros.

Portanto você pode participar dos dois jogos, coletivo ou individual, sendo conveniente seguir a Trilha Supina daquele que lhe é mais favorável.

Exemplos práticos de Tiragem Supina das cartas:

Para quem vive o lado favorável (bom) do Arcano

Caso você esteja vivendo um lado bom de algum Arcano e deseja firmá-lo. Siga estas instruções que serão descritas a seguir.

Podemos citar como exemplo: você está vivendo um momento pleno no Amor e quer prolongá-lo ao máximo... Então seu Arcano é o Enamorados. Ao tomar consciência desse Arcano, você deve refletir (com seu Arcano fixado no peito) como melhorar cada vez mais nele.

Como abrir o Supino para o jogo: coloque o Arcano Maior no topo das Cartas Supinas, conforme mapa das cartas (figura 1).

Então o Mago e todo o Mundo Magnético estará em sintonia com sua situação.

Agora, você precisa contar em Linguagem Supina como foi que chegou a essa boa situação em três cartas:

- **Carta 2** – conheci um homem bom. – Arcano Temperança.
- **Carta 3** – ele mudou todos os valores e me mostrou um mundo melhor. – carta Torre em posição normal.
- **Carta 4** – ele me fez sentir segura, firme e com minhas emoções tranquilas, me mostrou o que é o amor. – Carta Carro em posição normal.

Nesse momento, você está supinando, dando as cartas e jogando de igual para igual com o Mago e com a Sacerdotisa.

Faça a pergunta, encaixando a carta que lhe interessa: número 5.

FIGURA 1

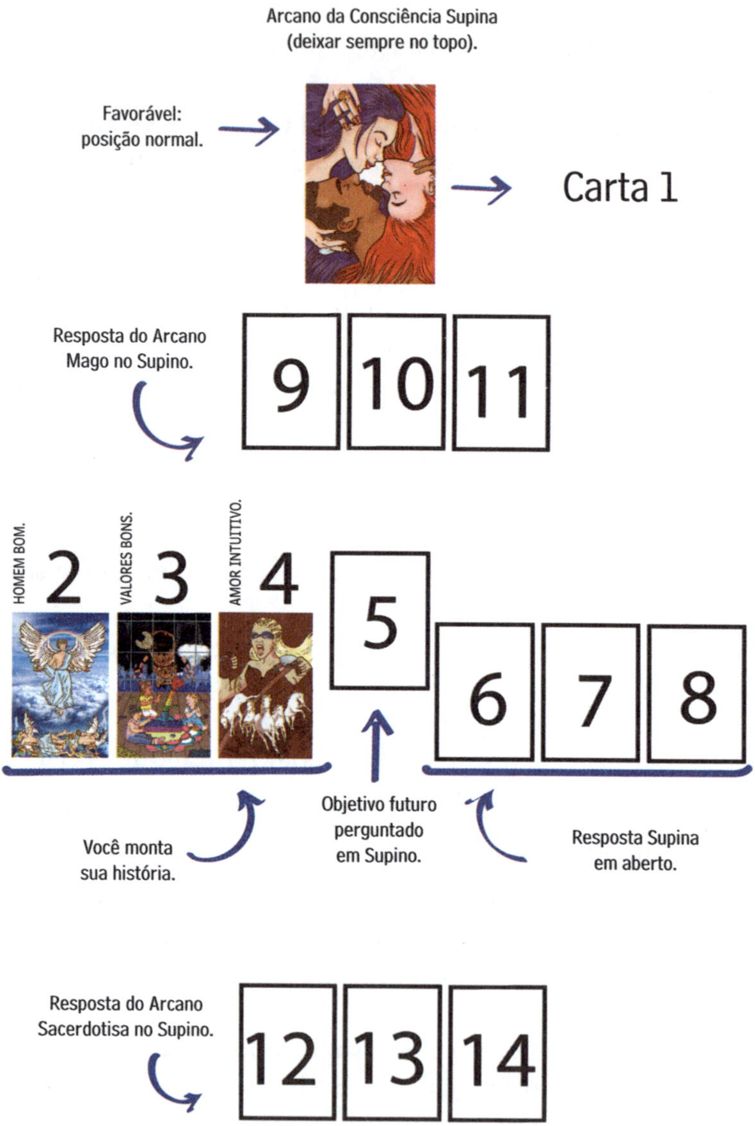
Arcano da Consciência Supina
(deixar sempre no topo).
Favorável:
posição normal.
Carta 1
Resposta do Arcano
Mago no Supino.
9
10
11
HOMEM BOM.
2
VALORES BONS.
3
AMOR INTUITIVO.
4
5
6
7
8
Você monta
sua história.
Objetivo futuro
perguntado
em Supino.
Resposta Supina
em aberto.
Resposta do Arcano
Sacerdotisa no Supino.
12
13
14

Pergunta Supina: como eu faço para me casar com ele e formar uma família?

ACOMPANHE O RACIOCÍNIO: qual carta usar para que o Mago entenda no Tempo Supino minha pergunta?

Siga o Raciocínio Supínico: você começou no Louco o relacionamento, quer passar por todos os Arcanos e seguir até o final dessa trilha, desse caminho, ou seja, nesse caso, o casamento. Qual carta representa o ciclo completo? Lógico que a Carta Mundo. Então você colocará a Carta Mundo como pergunta (observe a figura 2).

FIGURA 2

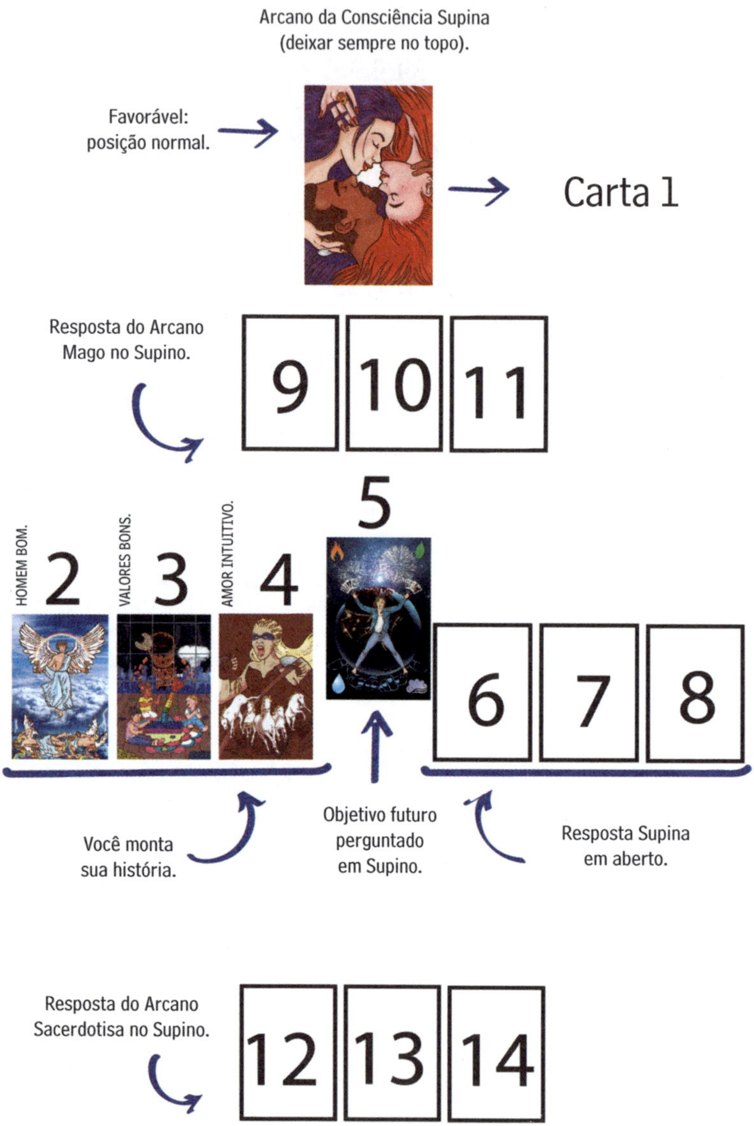
Arcano da Consciência Supina
(deixar sempre no topo).
Favorável:
posição normal.
Carta 1
Resposta do Arcano
Mago no Supino.
9
10
11
5
HOMEM BOM.
2
VALORES BONS.
3
AMOR INTUITIVO.
4
6
7
8
Você monta
sua história.
Objetivo futuro
perguntado
em Supino.
Resposta Supina
em aberto.
Resposta do Arcano
Sacerdotisa no Supino.
12
13
14

Para obter Reposta Supina:

a) Substituir todas as cartas tamanho king size pelas tamanho padrão.

Você sorteará três cartas/respostas que serão dadas pelo Mago e Sacerdotisa. Então, nessa hora, você substitui todas as cartas que estão nos Arcanos *king size* pelos Arcanos padrão, pois eles precisarão de todos os Arcanos Maiores para lhe responder. Desse modo, você terá acesso ao futuro que está sendo direcionado, mas não fixado porque a pergunta e a resposta ainda são no Supino.

Acompanhe a RESPOSTA DO CAMPO - FUTURO POSSÍVEL, a seguir.

Agora, vai embaralhar muito os Arcanos *king size* e vai colocá-los em forma de leque (alguém pode segurar para você) ou você mesmo coloca sobre a mesa e vai escolher três cartas que irá posicionar na sequência, vamos supor que saíram as seguintes cartas:

6. Julgamento.
7. Roda da Fortuna.
8. Estrela.

Sorteamos de verdade, aqui agora, como interpretar:

6. **Julgamento:** se você perdoar seus ex-namorados, ou quem lhe tenha feito algum mal amoroso, seu caminho abre.
7. **Roda da Fortuna:** sua sorte amorosa irá além da sua medida inicial (além do seu Métron).
8. **Estrela:** e você conseguirá a Estrela (uma vida muito feliz).

Então a resposta dada foi a seguinte:

FIGURA 3

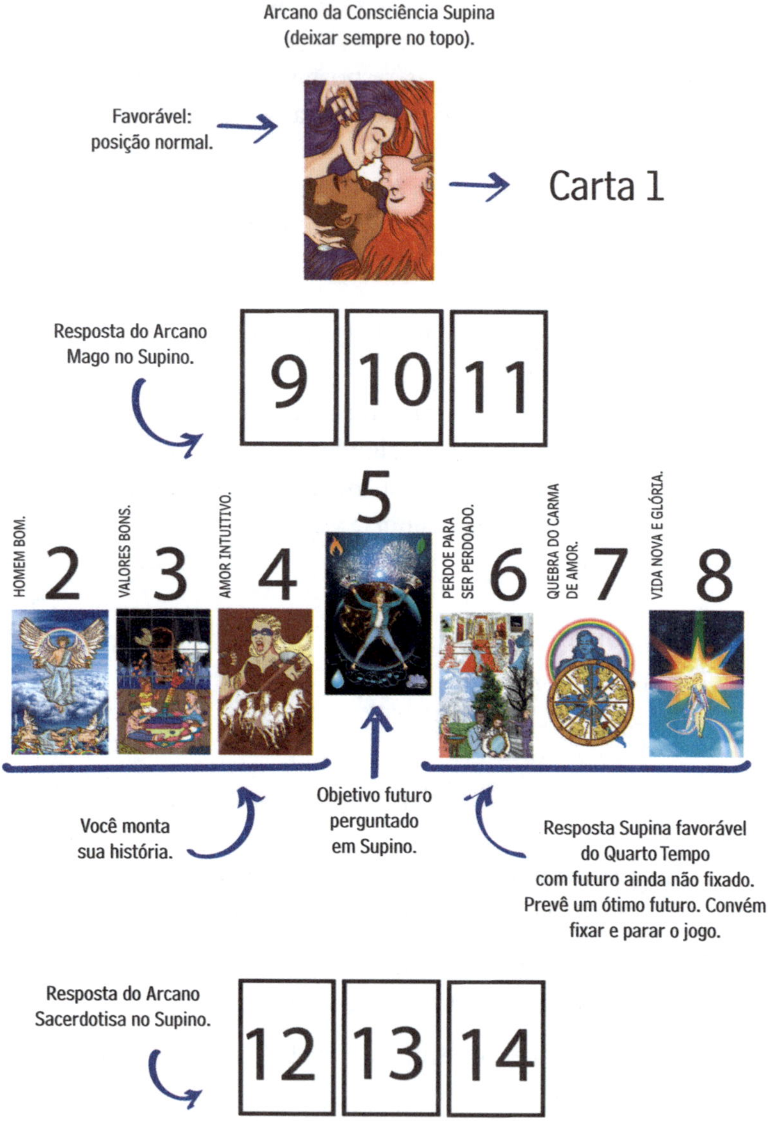
Arcano da Consciência Supina
(deixar sempre no topo).
Favorável:
posição normal.
Carta 1
Resposta do Arcano
Mago no Supino.
9
10
11
5
HOMEM BOM.
2
VALORES BONS.
3
AMOR INTUITIVO.
4
PERDOE PARA
SER PERDOADO.
6
QUEBRA DO CARMA
DE AMOR.
7
VIDA NOVA E GLÓRIA.
8
Você monta
sua história.
Objetivo futuro
perguntado
em Supino.
Resposta Supina favorável
do Quarto Tempo
com futuro ainda não fixado.
Prevê um ótimo futuro. Convém
fixar e parar o jogo.
Resposta do Arcano
Sacerdotisa no Supino.
12
13
14

Como está tudo favorável, você pode fixar e trancar esse futuro, trocando esses Arcanos Maiores pelos Menores e cercando todo o jogo com as cartas fazendo o triângulo temporal (passado, presente e futuro), conforme o desenho a seguir (figura 4).

Você colocará no topo do triângulo o Arcano Mundo (*king size*), a sua base esquerda, o Arcano Mago (*king size*) e na base direta a Sacerdotisa (*king size*). Você está mostrando para o Mago e para a Sacerdotisa que aceita esse futuro, completar o ciclo que está previsto (Mundo) e que deseja fixá-lo. Cuidado! Não jogue mais para não correr o risco de mudar o seu futuro, pois a Sacerdotisa pode julgar que você tenha falta de fé e puni-lo por isso. Tire uma foto dessa formação e deixe próxima da sua cabeceira da cama. Faça alguma caridade relacionada à área que você precisa firmar. Se for para amor, caridade para mulheres carentes ajuda muito, principalmente com produtos de higiene pessoal.

Saiba sobre demais caridades necessárias em outras áreas como: saúde, desobsessão e negócios, em nosso site do Aquantarium.

FIGURA 4 - Foto Completa (jogo bom – trancado).

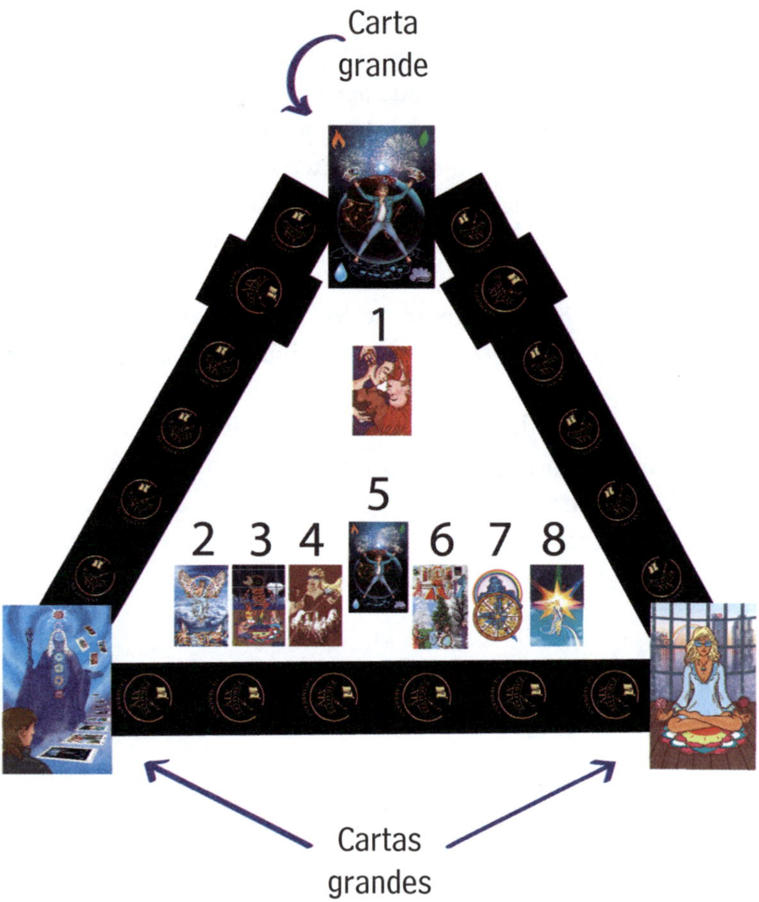

Para quem vive o lado contrário (ruim) do Arcano:

Vamos supor que seu problema seja na área de amor. Pegue esse Arcano na mão e o encoste no peito.

Ao tomar consciência desse Arcano, você deve refletir sobre como se libertar do lado desfavorável dele, fazendo uma autorreflexão (se sozinho) ou comentar em grupo essa sua história; sobre como chegou a esse ponto. Isso vai ativar a Consciência Supina.

Dúvida: como abrir o Tempo Supino para esse jogo?

Coloque o Arcano (*king size*) de ponta-cabeça (porque é desfavorável) no topo do Mapa das Cartas Supinas, como mostra a figura 5, ocupando o lugar da carta número 1.

Então o Mago e todo o Mundo Magnético estará em sintonia com sua situação.

Agora, você precisa contar em Linguagem Supina como foi que chegou a essa complicada situação em três cartas:

- **Carta 2** – conheci um homem muito ruim. – Arcano Diabo.
- **Carta 3** – ele judiou muito de mim e me ensinou valores deturpados. – Carta Lua.
- **Carta 4** – hoje estou triste e preciso tomar remédios para não ficar depressiva. – Carta Carro de ponta-cabeça (ela perdeu o controle sobre seus cavalos, emoção).

Agora, você está supinando, dando as cartas e jogando de igual para igual com o Mago e com a Sacerdotisa.

Nesse instante, você faz a pergunta, pondo a carta que lhe interessa, número 5:

Pergunta Supina: nessa hora, você precisa demonstrar sabedoria e fazer a Pergunta Supina correta: como consertar meu caminho amoroso? E então você tira o Arcano Maior Amor de ponta-cabeça, que está na casa 1, substituindo-o pelo menor, que ficará na casa 1 de ponta-cabeça. E coloque o Arcano Maior (*king size*) na carta 5, na posição correta, da Pergunta Supina.

FIGURA 5

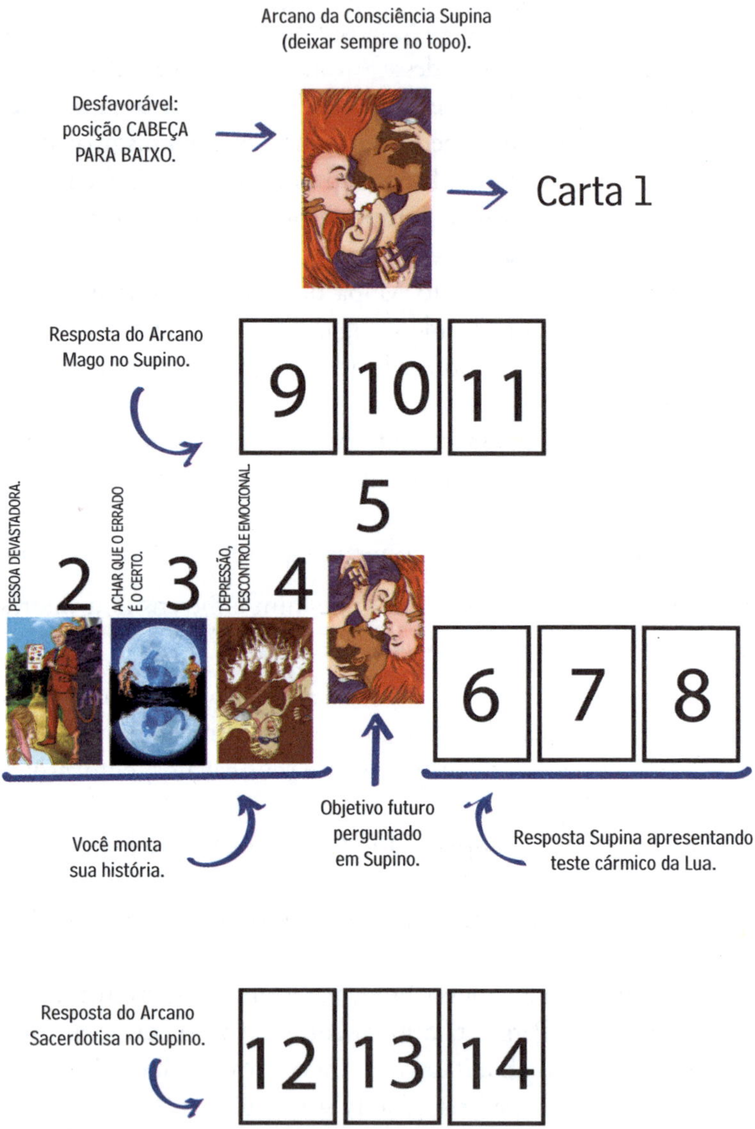
Arcano da Consciência Supina (deixar sempre no topo).
Desfavorável: posição CABEÇA PARA BAIXO.
Carta 1
Resposta do Arcano Mago no Supino.
9
10
11
5
PESSOA DEVASTADORA.
2
ACHAR QUE O ERRADO É O CERTO.
3
DEPRESSÃO, DESCONTROLE EMOCIONAL.
4
6
7
8
Você monta sua história.
Objetivo futuro perguntado em Supino.
Resposta Supina apresentando teste cármico da Lua.
Resposta do Arcano Sacerdotisa no Supino.
12
13
14

Para obter Resposta Supina:

a) Substituir todas as cartas dos Arcanos Maiores, pelos Arcanos Menores. Como o Arcano Enamorados já foi usado duas vezes e não temos a terceira carta, (teremos só no jogo virtual), substitua a número 1 por uma carta menor qualquer voltada com o desenho do portal para cima, porque quer libertar-se da condenação desse Arcano. Agora, na posição da carta cinco, ponha o Arcano Enamorados na posição correta, como já explicado anteriormente, precisamos da primeira resposta do Mago de todos os Arcanos Maiores a sua disposição.
Vamos sortear três cartas de verdade, pois vão servir de ajuda real para algumas pessoas que estão estudando no momento.

b) Carta 6 – teste da Lua: pare de comprar gato por lebre, ou seja, de acreditar em tudo o que falam para você, principalmente amigos falsos, conceitos falsos de amor e, também, pessoas falsas no amor. Faça os Cursos Aquantaristas de amor (com urgência).

c) Carta 7 – Mundo: só se livrando da Lua você conseguirá conquistar seu objetivo amoroso (mundo – relacionamento procurado), quebrando o ciclo lunar negativo. Mas é preciso terminar o ciclo dos estudos para que a mudança seja completa.

d) Carta 8 – Carta Sacerdotisa: então você conseguirá sua luz interior, equilibrará seus cavalos, não sofrerá mais e terá harmonia no amor.

FIGURA 6

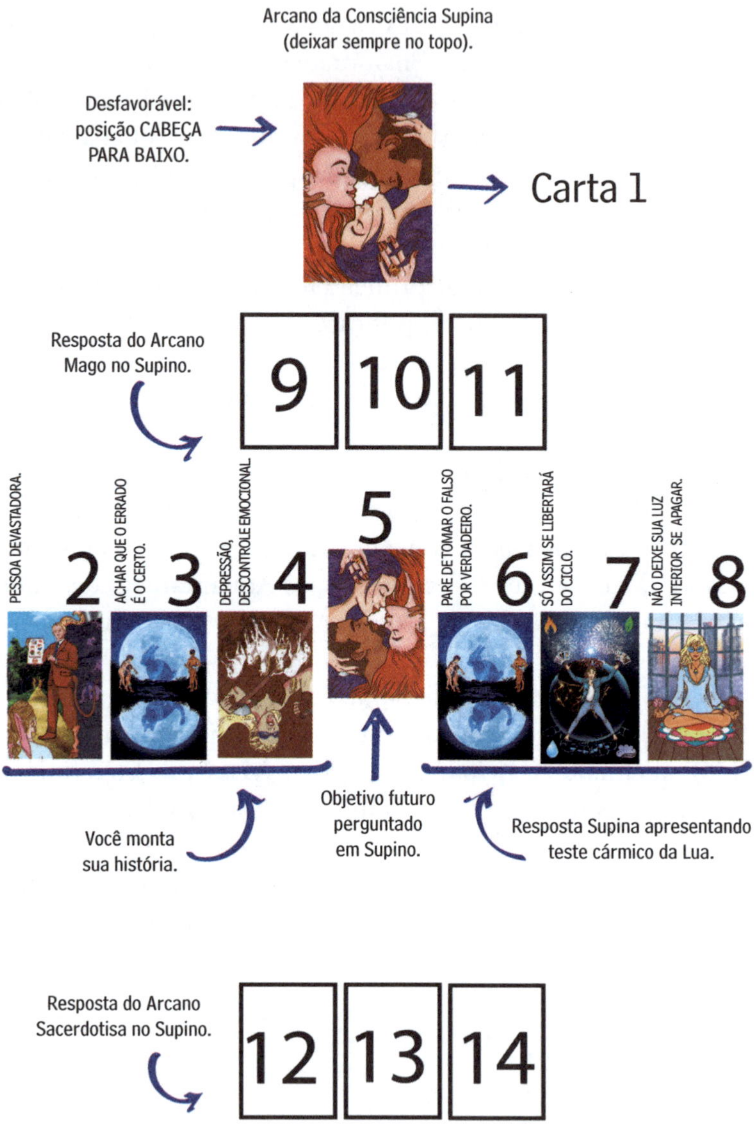

Arcano da Consciência Supina (deixar sempre no topo).
Desfavorável: posição CABEÇA PARA BAIXO.
Carta 1
Resposta do Arcano Mago no Supino.
9
10
11
PESSOA DEVASTADORA.
ACHAR QUE O ERRADO É O CERTO.
DEPRESSÃO, DESCONTROLE EMOCIONAL.
PARE DE TOMAR O FALSO POR VERDADEIRO.
SÓ ASSIM SE LIBERTARÁ DO CICLO.
NÃO DEIXE SUA LUZ INTERIOR SE APAGAR.
2
3
4
5
6
7
8
Você monta sua história.
Objetivo futuro perguntado em Supino.
Resposta Supina apresentando teste cármico da Lua.
Resposta do Arcano Sacerdotisa no Supino.
12
13
14

Nesse instante, você pode optar por continuar a Conversa Supina ou não. Se for encerrar, cercar com as cartas.

Observação: saiu por duas vezes o Arcano Lua. A pessoa tem que romper esse ciclo e passar nesse teste para a vida seguir aberta. Isso é impossível nos tarôs antigos, da Era passada, Pré-Supinos, mas, na Nova Era um mesmo Arcano pode sair inúmeras vezes.

Se você se lembra da leitura da história de amor dos Arcanos Enamorados, lá está demonstrado em prática um teste do Mago e outro da Sacerdotisa. Você poderá saber por antecipação como serão esses testes que virão.

Então poderá continuar fazendo mais duas perguntas obrigatórias.

A primeira é para o Mago: "Mago, quais são seus conselhos e testes ocultos para eu conseguir essa minha mudança de vida?".

Então recolherá todos os Arcanos Maiores (*king size*). Se algum deles já saiu duas vezes, substitua por algum dos Arcanos Menores – ou vá batendo fotos e arquivando para não se esquecer das cartas que saíram. Sorteie na forma que desejar três cartas e as coloque acima, no campo de testes e conselhos do Mago:

Cartas do Mago – vamos sortear de verdade aqui:

- Carta 9 – Sacerdotisa – o Mago diz que esse seu caso exige primeiro mudança interna, para que ele possa jogar a carta externa (*yang*).
- Carta 10 – Temperança – você precisa atingir a Temperança, saber usar a intuição em detrimento da emoção.
- Carta 11 – Diabo – o Mago quer ver você diante do Diabo novamente (Arcano da paixão), para confirmar o futuro. Passando pelo Diabo, que tem direito de testá-lo novamente, conseguirá se livrar do mal de amor.

FIGURA 7

Arcano da Consciência Supina
(deixar sempre no topo).
Desfavorável:
posição CABEÇA
PARA BAIXO.
Carta 1
1ª MUDANÇA INTERNA.
9
EQUILIBRAR-SE.
10
O DEVASTADOR VOLTARÁ PARA TESTÁ-LO.
11
Resposta do Arcano
Mago no Supino.
PESSOA DEVASTADORA.
2
ACHAR QUE O ERRADO É O CERTO.
3
DEPRESSÃO, DESCONTROLE EMOCIONAL.
4
5
PARE DE TOMAR O FALSO POR VERDADEIRO.
6
SÓ ASSIM SE LIBERTARÁ DO CICLO.
7
NÃO DEIXE SUA LUZ INTERIOR SE APAGAR.
8
Você monta
sua história.
Objetivo futuro
perguntado
em Supino.
Resposta Supina apresentando
teste cármico da Lua.
Resposta do Arcano
Sacerdotisa no Supino.
12
13
14

Agora, chegam os testes da Sacerdotisa. Recolha e troque novamente todas as cartas. Mesmo as que tiverem saído mais de uma vez – coloque um dos Arcanos Menores invertido (na primeira vez em que a carta saiu), mas mantenha na forma correta o Arcano Menor na última vez que a carta se repetiu.

1. **Julgamento** – mais uma vez, ela alerta para a questão do perdão e não querer ver o sofrimento da pessoa, nem querer vingança (características femininas).
2. **Diabo** – não querendo vingança, vai passar fácil por ele novamente. Pois o teste se repetirá para você. Ele, o próprio que o derrubou, vai voltar, ou outro semelhante. Ficando com ele, não avança para a libertação e poderá terminar sua vida perdida, sem completar esse ciclo, nem passar nesse teste, que retornará em outra vida.
3. **Estrela** – passando no teste do Diabo, vem a sorte, o brilho.

FIGURA 8

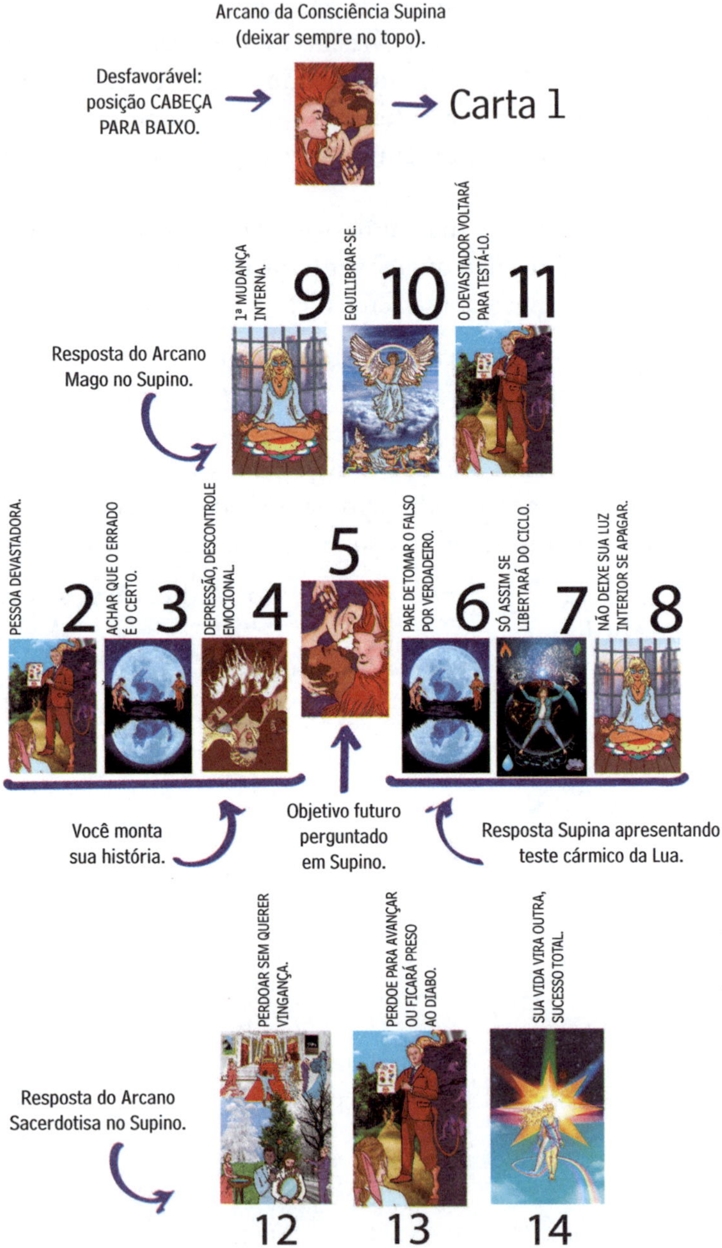

Arcano da Consciência Supina (deixar sempre no topo).
Desfavorável: posição CABEÇA PARA BAIXO.
Carta 1
1ª MUDANÇA INTERNA.
9
EQUILIBRAR-SE.
10
O DEVASTADOR VOLTARÁ PARA TESTÁ-LO.
11
Resposta do Arcano Mago no Supino.
PESSOA DEVASTADORA.
2
ACHAR QUE O ERRADO É O CERTO.
3
DEPRESSÃO, DESCONTROLE EMOCIONAL.
4
5
PARE DE TOMAR O FALSO POR VERDADEIRO.
6
SÓ ASSIM SE LIBERTARÁ DO CICLO.
7
NÃO DEIXE SUA LUZ INTERIOR SE APAGAR.
8
Você monta sua história.
Objetivo futuro perguntado em Supino.
Resposta Supina apresentando teste cármico da Lua.
PERDOAR SEM QUERER VINGANÇA.
PERDOE PARA AVANÇAR OU FICARÁ PRESO AO DIABO.
SUA VIDA VIRA OUTRA, SUCESSO TOTAL.
Resposta do Arcano Sacerdotisa no Supino.
12
13
14

Considerações finais

Nesse caso, o teste se repetirá. Isso pode ocorrer em três semanas, três meses ou três anos. Durante esse período, o melhor preparo e conhecimento: os estudos das Leis Cármicas do Amor, que constam em nosso site.

No decorrer do tempo, é possível consultar esse mesmo tema uma vez a cada três meses, seja com um tarólogo de sua confiança, em nosso site, ou com você mesmo tirando as cartas. Nada impede que consulte outros temas nesse momento.

Consulte nosso site para assistir ao curso prático do Tarô Supino e se aprofundar nessas práticas atuais.

Também ensinaremos outras formas para jogar.

BIBLIOGRAFIA

SACARABEO, Lo. *O Antigo Tarô de Marselha.* Tradução de Zilda Hutchinson S. Silva. São Paulo: Editora Pensamento, 2020.

WAITE, Edith. *O Tarô Universal de Waite.* Tradução Maria Lucia Acaccio. São Paulo: Barueri. Editora Isis, 2009.

WHITE, Julian M. *O Tarot de Marselha.* São Paulo: Barueri. Editora Isis, 2014.